企業研究シリーズ　日本と世界が注目する
戦略成長企業
STRATEGY GROWTH COMPANY

企業研究シリーズ　日本と世界が注目する

戦略成長企業
STRATEGY GROWTH COMPANY

—— INTRODUCTION ——

混沌とした日本経済において、成長を続ける企業の過程には、それぞれの特徴があります。「なぜ成長を続けられるのか？」「その成長の秘訣は？」といった疑問を、経営者の方々にお答えいただき、企業を深く知るために、本書は経営者の方々から見る、これから社会にでる新社会人と、企業の在るべき『カタチ』をご紹介していきます。

戦略成長企業
STRATEGY GROWTH COMPANY

企業研究シリーズ　日本と世界が注目する

CONTENTS

🌐 www.senryakucompany.com

スカラシップへのご応募、各ご要望など、上記サイトより
お問い合わせください。

06　STRATEGY GROWTH COMPANY　Feature.1

盛和塾

　08　株式会社パスポート
　　　　濱田総一郎社長

　10　株式会社成田デンタル
　　　　石川典男社長

　12　株式会社PALTEK
　　　　高橋忠仁会長

　14　株式会社インフラテック
　　　　松﨑秀雄社長

17　🚩 📖

CLOSE-UP! TOP!
SPECIAL INTERVIEW!

　18　株式会社共立メンテナンス
　　　　石塚晴久代表取締役会長

　20　一般社団法人　野口医学研究所
　　　　浅野嘉久名誉理事

　22　株式会社翔栄クリエイト
　　　　宇佐神慎代表取締役

　24　株式会社システムセンター
　　　　髙松修身代表取締役

26　社会人基礎力

31　人材育成支援機関のご紹介

STRATEGY GROWTH COMPANY　CONTENTS

32　TOP INTERVIEW!
トップ インタビュー

34　株式会社アトリウム
　　日下 隆史 代表取締役社長

36　アドソル日進株式会社
　　上田 富三 代表取締役社長

38　株式会社エイジア
　　美濃 和男 代表取締役社長

40　株式会社エス・ピー・ネットワーク
　　渡部 洋介 代表取締役社長

42　株式会社カレントスペース
　　大西 宏良 代表取締役

44　株式会社共立メンテナンス
　　石塚 晴久 代表取締役会長

46　株式会社シーネット
　　小野崎 伸彦 代表取締役CEO

48　株式会社ティーケーピー
　　河野 貴輝 代表取締役社長

50　株式会社成田デンタル
　　石川 典男 代表取締役社長

52　株式会社報宣印刷
　　田邉 均 代表取締役社長

54　株式会社ヤザワコーポレーション
　　矢澤 英一 代表取締役

56　株式会社横浜マリンシステム
　　藤澤 卓 代表取締役社長

58　ローレルバンクマシン株式会社
　　池邊 孟 代表取締役社長

60　COMPANY PLOFILE
企業紹介

61　社会福祉法人IGL 学園福祉会
62　株式会社アクロホールディングス
63　AOSデータ株式会社
64　アグリホールディングス株式会社
65　株式会社映学社
66　インフラテック株式会社
67　株式会社M・R・S
68　NDソフトウェア株式会社
69　株式会社アール・アンド・エー・シー
70　カゴヤ・ジャパン株式会社
71　カングロ株式会社
72　クオリカ株式会社
73　株式会社くじらシステム開発
74　鉱研工業株式会社
75　株式会社システムエグゼ
76　株式会社セレブリックス
77　ソリマチ株式会社
78　株式会社テクノプロジェクト
79　坪井工業株式会社
80　株式会社電算システム
81　株式会社ニックス
82　株式会社パスポート
83　株式会社ニッポンダイナミックシステムズ
84　株式会社PALTEK
85　株式会社ブレインワークス
86　株式会社フォローウインド
87　株式会社モアセレクションズ
88　大塚刷毛製造株式会社（マルテー大塚グループ）
89　Mogic株式会社

STRATEGY GROWTH COMPANY Feature.1

盛和塾

seiwa cram school

「経営者の中の経営者」と、尊崇の念を集める

京セラ株式会社 創業者、稲盛和夫氏から、

人としての生き方「人生哲学」と、

経営者としての心の持ち方「経営哲学」を学ぼうと

1983年に立ち上がった自主勉強会に端を発した盛和塾。

真剣に学ぼうとする塾生と、

それに応えようとする塾長稲盛氏がお互いに魂の火花を散らす

人生道場として、また塾生同士の切磋琢磨の場として、

全国各地区の盛和塾には、多くの熱心な経営者が集まっています。

盛和塾 塾生の代表的な4名の経営者の方々から、

経営について、学生へのメッセージなど、お話を伺いました。

戦略成長企業
STRATEGY GROWTH COMPANY

盛和塾

.01 | seiwa cram school student

盛和塾 横浜 前代表世話人／
株式会社パスポート 濵田総一郎社長

魂がぶつかり合う学びの場

　1万人以上の経営者が集まる盛和塾は、京セラを創業された稲盛塾長の私塾です。稲盛塾長は経営の普遍的な成功の哲学・要諦を非常に分かりやすく体系化された方であり、ご自身が作り上げた経営の原点12か条のように京セラフィロソフィーを理解できたら、京セラのような会社を誰にでも作る事ができるとおっしゃっています。

　この勉強会は、頭でただ勉強するだけではなく、経営者が人格を磨き、自分の理念を高めあっていく場。塾長の魂と塾生の魂がぶつかり合う、ぶつかり稽古のように真剣勝負で火花が散るような学びの場だと思います。

　私の場合は中国・広東での年度大会に呼ばれ、800人以上の中国の経営者の方々と経営に関する熱い議論を交わしました。稲盛塾長は、本物の経営哲学は国境を越え、人種を超え、文化や宗教を超えて普遍的に通用するものだという信念をお持ちの方。京セラフィロソフィーは国境を越えて広く受け入れられています。

　私が入塾したきっかけは、故郷の鹿児島で濱田酒造という会社を経営していた兄の勧めです。盛和塾の塾生だった兄が、稲盛塾長の事を現代の西郷隆盛だ、本物の経営者だと褒めたおし、自分もとても変われたと熱く語っており、勧められて私も入塾しました。

　大学卒業後、私は東京の鉄道会社に入社し、ここで一生を過ごそうと楽しく仕事をしていたのですが、3年半ほどしたら会社が経営不振に。ちょうど兄が鹿児島に戻って会社を手伝えと言ってくれていたので、故郷の鹿児島に戻って会社を手伝う事にしました。

　その際ついでに2人の弟も帰されまして、男兄弟4人で家業の濱田酒造の運営に従事しました。私が26の時です。その時の経営状態が2億7千万の売り上げに対して赤字が400万円の債務超過だったので、兄弟4人をはじめ全社員で力を合わせ経営を立て直しました。

　その後それぞれが独立して兄弟全員が経営者になり、全員が盛和塾の塾生でもあります。今では兄弟4人の会社の売り上げを合わせると1000億の売り上げになります。稲盛哲学を兄弟4人で学んでいないと、ここまで会社を大きくする事はとてもできなかったと思います。

　実は私は、入塾直後の数年はあまり熱心ではなく、独立した会社の経営も倒産寸前の時期がありました。その当時はお酒の販売免許に守られて過ごしていましたが、酒販免許が緩和され、どこでもお酒が売りやすくなり、第二次通達の段階で大手スーパー各社が安売りに入り、お酒の統制価格が崩れました。そしてお酒のディスカウントストアや専門店はみるみる倒産していきました。弊社もどんどんお客さんが減り、売り上げが減り、100億あった売り上げが62億まで落ちました。倒産の危機でした。

　そこから本格的に稲盛哲学を勉強しました。それまでは家業の経営のようなところがありましたが、社会の役に立つような企業経営をしようと改め、稲盛哲学を真正面から受け止め、京セラフィロソフィーを基にした経営を始めました。

　社員もまた、稲盛哲学のような人生哲学を渇望していたように感じます。社員との勉強会も定期的に開き、人の成長を肌で感じました。人の成長と会社の成長の相乗効果で売り上げもどんどん伸びていきました。

　日本の若い方には夢を持って欲しいと思います。心が全てのものを作り上げる、この世の一切の現象は心が作り上げているんだと、稲盛塾長はよくおっしゃいます。心で思った事が現象化する、これが人生であり、経営だと。

　稲盛哲学は徹頭徹尾、心に焦点をあてていると私は思うのですが、その心を強く、優しく、広く深くするために鍛える事を若いうちにして欲しいなと思います。そのために苦労を買ってでも、積極的に引き受けて、自分の力を伸ばして限界を常に突破していこうという気概を持って、心を高めて欲しいです。

戦略成長企業 STRATEGY GROWTH COMPANY ／ 盛和塾

戦略成長企業
STRATEGY GROWTH COMPANY

盛和塾

.02 | seiwa cram school student

盛和塾 佐倉 代表世話人／
株式会社成田デンタル 石川典男社長

「利他」の心を持った企業へ

　新卒の頃から、夢中になって仕事をし、上位の営業成績を残せたことから、私は先輩とともにヘッドハンティングを受け、色んな方とよく話し合った結果、2年後に独立させてくれるという約束の元、その申し出を受けました。そして2年後の1983年、先輩と2人で「歯科医療の専門商社」成田デンタルを設立して、私は経営者の第一歩を踏み出したのです。

　設立当初は、社長ではなく役員として在職し、引き続き営業に従事していましたので、将来自分が社長になるとは考えてもいませんでした。

　転機が訪れたのは設立から4年後、会社の経営が上手く行かず、倒産寸前にまで負債を抱え、社長が去ってしまったことです。残された私が一念発起し、社長に就任して、私は経営者になりました。

　しかし、1997年、社員数50人程になった頃に、売上げは伸びていたのですが営業利益がマイナスになってしまい、私は経営に限界を感じるようになっていました。その後、ご縁があって私は盛和塾と出会い、稲盛和夫さんの講演で「今後世界は『利己』の近代文明から『利他』の新しい文明に変わる」という言葉を拝聴したことがきっかけで、盛和塾に入塾しました。

　他人の利益と描く、「利他」とは、人の心にはもともと、自分だけがよければいいと考える「利己の心」と、周囲や相手に善かれかしと思う心である、『利他の心』の2つがあります。「利己の心」で判断すると、自分のことしか考えていないので、誰の協力も得られず、視野も狭くなり、謝った判断を下してしまいますが、『利他の心』で判断すると、周囲や相手のためという心なので、周りの人が協力してくれ、視野も広くなり、正しい判断が出来るということです。よりよい仕事をしていくために、自分だけのことを考えて判断するのではなく、周りの人のことを考え、思いやりに満ちた『利他の心』に立って判断すべきだということです。

　しかし、学べば学ぶ程、私は「利他」という言葉を形だけ、表面上だけしか理解できていなかった事に気が付いていきました。そこで私は、もっともっと深く学び実践し、人間性を高め自分の器を大きくすることが、会社をもっともっと良くすることに繋がると信じて様々なことを実行し、この考えを私だけではなく社内にも浸透させていきました。

　その結果、技工士と歯科医師の間でマッチング事業をするというビジネスモデルに《患者さんの笑顔》を第一の目標として、歯科技工士・歯科医師・当社と3者が縦の関係ではなく横の関係になり、お互いにパートナーとなる『成田リンクシステム』を構築でき、現在のような300人規模の、2020年の東京オリンピックイヤーには、業界一位（金メダル）を狙える位置まで、会社を成長させることが出来ました。当社独自のビジネスモデルに「利他」という魂が入ったのです。

　私は、1999年から年間スケジュールの1/3を当てている程、新卒採用や教育活動に力を入れています。それは、会社は人で決まるからです。そのため、「自分より相手」と考えられる人を探し、私達とベクトルを合わせられる人と出会い仲間になっていただき、一緒に夢を追いかけ、社員全員で物心両面の幸せを追求するために、人財採用と教育に力を入れているのです。今では嬉しいことに「自分より相手」、「人のために頑張れる」そんな自慢できる社員ばかりになりました。

　こう考えられるようになれたのも、盛和塾に入塾し、稲盛塾長からの多くの学びと、志の高い、真面目で社員思いの誰よりも努力を惜しまない、『利他の心』を持った多くの社長（塾生）達からの学びや刺激のお陰です。

　――社員が幸せにならなければ会社の発展はない。お金持ちになるだけの幸せではなく、心の満足度をしっかり持てることで幸福感は得られる――

　京セラの理念である「物心両面の幸せの追求」もまた、自社の経営方針に取り入れ、夢の実現と幸せを追求しています。

　学生の皆さんには「楽に」ではなく、「楽しく」仕事ができる、『利他の心』を持った企業で、物心両面の幸せを追求して、頑張って欲しいと思います。

戦略成長企業
STRATEGY GROWTH COMPANY

盛和塾

.03 | seiwa cram school student

盛和塾 横浜／
株式会社PALTEK　高橋忠仁会長

指針となる確固たる哲学

　私は1948年の生まれで、団塊の世代です。学生の頃は世界中に学生運動が吹き荒れていました。

　出身が九州の屋久島で、鹿児島の国立高専に進学していましたが、環境汚染が取りざたされていた時期でもあり、卒業の前、この学校は哲学の無いエンジニアを育成しているのではないか、と疑念を抱いたことから、「僕らは将来公害の加害者になるかも知れない」と当時の環境問題を校内新聞で記事にしました。それを見た校長が激怒され、全校生徒の前で謝らなければ退学だと迫られましたが、私は若気の至りで謝らず、卒業を前にして思いがけなく退学になり、内定も取り消されました。

　そのことがきっかけで人生設計を見直し、20代前半は様々な仕事に挑戦して、たくさんの挫折を味わいました。

　20代後半に、元富士通社員の方から半導体技術のことを詳しく聴き、それから気になって海外の論文を読みふけるなど、独学で勉強していく中で、当時の高度経済成長を経た日本には、これから先この技術が必要になる、と確信できたのです。

　また、学生運動の本質が、文部省の押しつける教育ではなく、世の中にある多様な価値観を認めてもらうことだったと私は感じていて、私の信念はそれを実現することでした。半導体なら、技術的にこの本質が実現できると、私の信念とも結びつきました。

　こうして当時のせまい自宅アパートから、株式会社PALTEK（パルテック）が始まりました。

　会社を経営していく中、多数の企業を観察して気づいたことが、経営者が指針となる経営の確固たる哲学を持たなければ、企業は存続できないということです。

　私自身も経営哲学を模索していることに危機感を感じたことから、稲盛和夫さんの私塾である盛和塾の門を叩きました。私の場合は学生時代、お教えを受けていた教授が稲盛和夫さんも学んだ、共通の教授だったこともあり、京都セラミックがまだ小さな町工場だった頃に、稲盛和夫さんのお話を伺っていたことも一つの縁だと感じていました。

　盛和塾の教えを端的に伝えると、キーワードは「心を高める」、「経営を伸ばす」の2つです。心を高めることができれば、経営を伸ばせます。

　「心を高める」とは、世のため人のために考えなさいということです。経営者として従業員をはじめ、仕事に従事する全ての人のため、しいてはそれが地域のため、国家のため、人類のためになるように、高い志と考え方を、絶えず持ち続けなさいということです。

　北京の勉強会に参加した際、北京のある経営者の方が、稲盛和夫さんの教えはルーツが、時代を遡ると西郷隆盛から中江藤樹（江戸時代初期の陽明学者）、王陽明（儒教の一派、陽明学の始祖）、そして孔子（儒教の始祖）にまでたどり着くと自国の偉人と比肩され尊ばれていました。

　今の時代は、中国やアメリカをはじめ、日本もそうですが、富の集中が顕著で、ごく一握りの人が数百万、数千万の人と同等以上の富を手中に収めるなど、様々な要因で、株式会社制度自体が破綻しつつあり、価値観が混迷しています。

　だからこそルーツが孔子にまでたどり着き、心に焦点をあてる、稲盛和夫さんの心をベースにする経営哲学が、世界規模で、より一層必要とされ、世界中で1万人以上の経営者が在籍する現在も、増え続けているのです。

　これから伸びる会社は、世の中を良くするために動いている、動ける会社です。自社の利益だけを図ったり、模倣だけを続ける会社にはもう持続性はありません。

　世界中で価値観が混迷している中で、学生の皆さんはこれから就職し、40年働かなければなりません。

　心を高めて、世の中を良くするために動いている会社を見極め、入社して精一杯頑張って欲しいと切に願います。

戦略成長企業
STRATEGY GROWTH COMPANY

盛和塾

.04 | seiwa cram school student

盛和塾 鹿児島 代表世話人／
インフラテック株式会社　松﨑秀雄社長

全社員に浸透する経営哲学

　私が経営者になったきっかけは、2代目として父の事業を受け継いだ事から始まります。元々社員として働いていましたが、私が40歳の時に父から社長交代を告げられ、父が会長として会社に残る事になりました。社長に就任して18年が経ちます。

　盛和塾には社長に就任する以前、鹿児島塾ができた時期に入塾し、20数年が経ちます。ちょうど盛和塾の機関誌が創刊された頃で、京都の合同例会の発表で創刊号に私も掲載されました。

　稲盛塾長の教えで一番の基本となるのは、人間として何が正しいのかという事。このことは常々おっしゃっていますので、私が会社を経営する上での判断基準になっています。

　それから、京セラさんの理念である全従業員の物心両面の幸せの追求は、弊社インフラテックグループでも同じく経営理念に掲げています。日々、適正な利益の確保に努め、可能な限り従業員に還元していくことで、従業員を通した社会貢献を行っていきたいと考えています。

　盛和塾での活動は、鹿児島の例会、塾長例会、全国・世界大会への出席など多岐に渡ります。

　4年前には稲盛経営者賞をいただく事ができました。この賞は、稲盛塾長が自ら審議し素晴らしい業績を上げた経営者を称えるものです。その翌年には、第20回世界大会で九州・沖縄エリア代表として経営体験発表をし、優秀賞もいただけたことは、経営に対する自信にも繋がりました。昨年は台湾での塾長例会もあり、日本の塾生を代表して経営体験発表を行いました。

　京セラさんの経営管理手法にアメーバ経営というものがあります。会社組織をアメーバと呼ぶ小集団に分け、各アメーバのリーダーを中心にそれぞれが利益の最大化を図ることで、全社員の自主的な経営参加を促す経営管理システムです。

　弊社は土木・建築用コンクリート二次製品やGRC製品などのインフラパーツを製造販売するコンクリート製品メーカーですが、10数年前に京セラさんのご指導の元、この経営管理手法を導入しました。

　さらに稲盛塾長の大切にされているフィロソフィー（経営哲学）をまとめたフィロソフィー手帳をこちらもご指導の元に作成し、社員全員で共有しています。ですから弊社の全社員には稲盛哲学が浸透しています。

　今から8年程前のことですが、子会社の会計上の不祥事や横領、父が手掛けたいくつかの事業の失敗などで、年商に匹敵する借財を抱えてしまいました。経営危機を迎えたこの時、私は稲盛塾長の教えを励みに必死に仕事に取り組みました。

　その甲斐あって、売り上げをV字回復することができ、当時6千万円程の計上利益が3年後には10億円に届きました。そして3年前には3社をグループ化し、グループ年商が50億円増加。さらに昨年も同じく3社をグループ化し、グループ年商がさらに50億円増えました。

　計6社の企業を買収し、グループ年商が100億円増加しました。今では300億以上の年商企業になります。

　この経営危機を迎える前から導入していたアメーバ経営やフィロソフィーを基に、社員一丸となって経営危機を乗り越えた経験が、私自身の勉強にもなり、経営にも緊張感が生まれ、会社が大きく伸びるきっかけになりました。

　今までは弊社の社名とも関連のある建設関連のインフラストラクチャー事業を主に行ってきましたが、これからの事を考えると、社会インフラ、情報インフラなど様々な分野に対応するため、IT企業や海外企業のグループ化など事業展開を広げていきたいと考えています。

　盛和塾は単に経営の事だけの勉強会を行っているわけではなく、人間として何が正しいのかを大前提に考える、生き方や働き方を示唆していただけます。学生の方々やお若い方にも、その方の一生で得るものが多い、稲盛哲学を学んでいただく事を推奨したいと思います。

STRATEGY GROWTH COMPANY　Feature.1

盛和塾
seiwa cram school

沿革

- 1983　京都の若手経営者が、京セラを小さな町工場から世界的企業にまで育て上げた稲盛和夫から、生きた経営学、人生・経営哲学を学ぼうとして集まる。後に、この勉強会は「盛友塾」と呼ばれる。会員25名

- 1989　京都の「盛友塾」に集まるメンバーの中から、是非大阪の若手経営者にも、話を聞く機会を作りたいという話があがり大阪に塾が誕生する。これを機に「盛和塾」に名称変更される。

- 1993　雑誌「AERA」を見た一人のブラジル経営者からの「教えを請いたい」という切なる手紙で、盛和塾「ブラジル」が開塾。海外塾開塾のきっかけとなる。

- 2002　一般市民を対象とした「市民フォーラム」を鳥取県米子市で初めて開催。以降各地で市民フォーラムを開催。(2015年3月までに57ヶ所開催。のべ98,831名参加)

- 2003　盛和塾20周年を迎える

- 2007　中国初の塾として盛和塾「無錫」開塾

- 2010　稲盛氏の日本航空会長就任にともない、塾生有志が「JAL応援団」を結成
　　　　ハワイ・シカゴ開塾

- 2013　盛和塾30周年を迎える

- 2015　尾張、大和(奈良)、開塾
　　　　台湾にて市民フォーラム開催
　　　　塾生数 10,000名を突破 89塾9,987名(年末)

- 2016　韓国 開塾　96塾 11,000名(2017年1月)

活動内容

- 主に関西、関東にて塾長例会を開催します。
　約1時間半の勉強会では、塾生の経営体験発表と塾長コメント、経営問答、塾長講話などが行われ、その後およそ2時間、懇親会が行われます。
　塾生は、全国すべての塾長例会に出席可能です。
　例会は、年7回ほど開催されます。

- 年に一度、全国の塾生が集い、学び、交流し、親交を深め合う「世界大会」が2日間程開かれます。
　(例年7～9月頃に実施)

- 機関誌「盛和塾」が年5回発行されています。
　(塾生には毎号1冊配布。一般購読可能)

- 入塾後は塾生専用HP「盛和塾インフォメーション」を閲覧いただけます。

- 各塾においては自主例会として、塾生の経営体験発表や塾長例会DVDの視聴、塾生企業訪問などが行われています。

- 会員数は、96塾 11,000名。(2017年1月)

https://www.seiwajyuku.gr.jp/

CLOSE-UP! TOP!
SPECIAL INTERVIEW!

対 談
dialogue

×

座 談
symposium

×

コラム
column

CLOSE-UP! TOP!
SPECIAL INTERVIEW!

株式会社共立メンテナンス

石塚 晴久 代表取締役会長

人としての身繕いを整える

創業当時の思いを貫き、社会に必要とされる存在であること、
を謙虚に無心に。人と人との絆をはぐくみ、
業界のトップランナーとなった現在も挑戦し続ける石塚会長に、
会社、社会、人材についてお話を伺いました。

加賀：共立メンテナンスさんの事業の原点は「下宿屋」ですね。会長とのおつきあいはもう30年ですが、今日はこれから社会に出る学生たちに是非教えてください。会社とは、そして経営とは何でしょうか。

石塚：「会社」とは、社会に必要な存在である、と認められていること、ただそれだけです。さてここで考えて欲しいのは、ボランティアとの違いです。社会に貢献するだけならボランティアでも十分立派に果たせているのですが、社会とは変化するもので、その変化する社会に必要とされ続けること、それが会社です。
決して自己満足ではなく、社会が認めてくれる存在、ということですね。

加賀：社会の変化に伴い、成長し続ける存在であるべきということですね。では社会に出るにあたり、何かしておくべき準備はありますか。

石塚：実際の仕事については社会に出てから覚えれば良いので、しておくべき準備は特にありません、それより今のその時間を大切に過ごして欲しいですね。学生時代は、本人は気づきにくいのですが、周囲は皆、自分のために動いてくれています。
いずれ、あのとき自分は大事にされていたんだなとわかるときが来ます。こうした時間は、感謝の気持ちを「たましい」で感じ取れるため、人としての基盤を築くため、何よりも大切です。そして社会に出たら、今度は自分が社会のために何ができるかを考えて

インタビュアー

株式会社ジーアップキャリアセンター

加賀 博 代表取締役

Profile

慶応義塾大学法学部卒業後、沖電気工業株式会社を経て、株式会社リクルートに入社。「とらばーゆ」の創刊事業など新規事業開発を手がけ、その後独立。企業の人事・組織開発のコンサルティングに携わる。早稲田大学キャリアセンター創設の企画責任を担い、日本初の本格的キャリアセンター開設に従事し、20を超える大学・大学院にてキャリア教育学を専任し、年間10,000人の学生を教える実績を持つ。石塚会長とは、人間の持つ能力をノーベル賞受賞者ロジャースペリー博士の分割脳理論をベースに開発された、ヒューマンセンサー能力測定と診断を社員300名の依頼を受け、以来30年以上の関係。

欲しい。視点を変えて欲しいのです。そのためにも、自分が大事にされた経験が不可欠なのです。目に見える「知識」や「技能」を身につけることより、人としての「たましい」を磨くことが、考える学生時代に必要なことなのです。

加賀：人としての基盤や生活を大切にされる会長ならではのお話ですね。そんな会長の若かりしころ、心がけていたこと、創業当時の苦労話、やりがいを感じたことなどを教えてください。

石塚：創業から今までで1番苦しかったのは、7年目位かな、社内で対立構造みたいなことが起きたのですが、どちらの言い分にも一理あり、苦悩しました。熱い思いがあればこそ譲れない ── 人の気持ちを汲み取ること、向き合うことの難しさを改めて学びました。やりがいを感じたことは、リスクを負ってでも敢行したことがうまく行ったときでしょうか。心がけていることは、そうですね、逃げないことかなぁ。昔は私にもお会して話しするのが怖いと感じてしまう相手もいました。そんなときは、そういう相手だからこそ「好きになる」。自分で「この人のことを好きなんだ」と言い聞かせているうちに、本当に好きになり、その思いが伝わることにより相手も優しく接してくれるようになりましたね。何ごとにも目を背けず、逃げないこと。これは重要ですね。

加賀：組織のトップとして、経営について意識されていることを教えてください。

石塚：経営者として意識していることは、大きく言って次の2点です。
1点目は、意思決定について。決断したら自分を信じてぶれないこと。
もちろん不安もありますが、赤字覚悟で育てていくくらいの気持ちを持つようにしています。あとはやはり物事には自然の成り行きや流れといった摂理があることを感じます。自然に身を委ね、流れに任せる感覚も大切にしています。
2点目は、組織改革ですね。働きやすい職場環境を整えることが私の「役割」。
話が少し逸れますが、役職について言えば、私は社長や部長などの肩書きは上下関係を表す「序列」ではなく、単なる「社会的役割」だと思っています。自分に与えられた役割、ただそれだけです。社会的地位が上とか下とか関係ありませ

ね、大切なのは与えられた役割を通して「人としての身繕い」を整えることです。社員教育的なことについては、教え込むようなことはしていません、背中を見せることでついてきてもらえる「人となり」になることが理想です。

加賀：なるほど、会長の会社にお邪魔すると、特に若い女性社員の方がいきいきと働いていらっしゃる姿を拝見します。皆、自分自身の役割と居場所を実感されているのでしょうね。ところで、今となっては当たり前となっているようなサービスも、最初に導入したのはドーミーインさんです、それらサービスの発想はどこから来ているのでしょうか。

石塚：私自身「自分だったらああしたい、こうならいいな」と思うことを実行に移しているだけです。「あったらいいな」と誰もが思う、でもやっているところはない、そういうサービスについては即断速攻です。例えば、旅館の温泉から上がったとき、誰でも冷たい飲みものが飲みたくなりますが、そこで自動販売機で買ってくださいは親切ではありませんね、だって小銭持参で温泉に入る人はいませんから。そこで無料で飲める冷たい飲みものを用意しました。私は究極を言えば、人間は、お腹いっぱい美味しいものを食べて、手足を伸ばして入れるお風呂があるような、安心して住む場所さえあれば満足できると思っているので、そういう空間が提供できれば本望です。

加賀：人に優しく ── 人をメンテナンスする、ですね。実を言うと昔「共立メンテナンス」という会社名を聞いたときは、変わった名前だと思いました、メンテナンスって機械や設備の整備に使う言葉ですよね、でも「共に」「人」を「メンテナンス」する、そういう思いが込められていることを知ったときは、すごく納得した記憶があります。
会長個人のこと、共立メンテナンスさんのこと、将来の展望をお聞かせください。

石塚：事業に関しては、シニアライフ事業は、今後大きく変わると予測しています。
かくいう私も最近は早起きして近所の公園を1時間ほど散歩することが日課になりつつありますが、すれ違うのは皆、元気なお年寄りばかりです。
人生には様々なステージがありますが、私も自分のステージが変わったのか、最近は何ごとにもこれま

で以上に「感謝」の思いが溢れて来ます。これから日本は元気なお年寄りのニーズが増えてくるし、そういうお客さまの「本当に欲しい」ニーズに寄り添って応えたい。誰にも負けない対応をしていきたいですね。
少なくともあと50年は社会に必要な存在としてトップランナーで走り続けます。

加賀：ありがとうございました。共立メンテナンスさんの原点である「下宿屋」の精神は、まさに日本の文化「おもてなし」そのものです。お話を伺い、共立メンテナンスさんは、海外に向けての日本文化発信拠点としての役割も担われていることを改めて実感いたしました。

株式会社共立メンテナンス
石塚　晴久 代表取締役会長
Profile

株式会社共立メンテナンス会長。都立航空工業専門学校退学後、北海道で料理屋店員の経験を経るなど、食の世界に長く身を置いた後、1979年、給食受託事業を興す。以来、学生寮・社員寮運営の「寮事業」、ビジネス・リゾートホテル運営の「ホテル事業」、「シニアライフ事業」、自治体との協働事業も見据える。

CLOSE-UP! TOP!
SPECIAL INTERVIEW!

米国財団法人野口医学研究所

浅野 嘉久 創立者・名誉理事

野口英世博士の名を掲げ、日本の医療を患者ファーストに導く。
米国財団法人野口医学研究所 浅野名誉理事に、
日本の医療業界についてお話を伺いました。

**恩師との邂逅によって導かれた
野口英世博士の偉業**

　私がこの道に入ったきっかけは、東京大学医学部生化学教室（栄養学教室）での研究生時代に遡ります。当時私の指導教官であった恩師／浅倉稔生先生との出会いに由って私の運命は大きく変わりました。後にペンシルバニア大学医学部の教授にまでなられた浅倉先生から、若き日の野口英世博士に関する貴重な情報を教えて頂き、野口博士の研究に懸ける情熱に大いなる感銘を受けたのです。そして後に、浅倉教授の発案に基づき、今の日本に於いては医師の頂点に位置する日野原重明先生や米国トーマス・ジェファーソン大学でThe Pope（法王）と慕われるジョセフ・S・ゴネラ先生らの協力を得て、米国財団法人野口医学研究所を設立し、野口英世博士の信念とその偉業を継承し、日本に於ける医学・医術・医療の改革を追及し続けているのです。

**日本の医療、
医療業界についての思い**

　中世から明治に至るまでの日本では、中国から朝鮮を経て伝わった本草綱目や日本古来の本草学（生物学及び薬学）に加え、宗教と結びついた思想に基づく「僧医」や「薬師（くすし）」と称される者たちが庶民の医療を司り、人々の健康や生活全般に寄り添い、救済者として機能していました。

　明治維新（文明開化）以後、日本の医学は、主にドイツの医学、医療制度をベースに発展して来ました。ドイツを始めとするヨーロッパ諸国では、医師や薬剤師など、医療従事者各々の専門性や独立性が重視され、役割分担が明確にされていたのが特徴です。
現代日本の医療界には未だその傾向が強く残っており、特に医師の持つ権限は絶大です。
現代に於ける日本人医師の中は、人格的に改善を要する者が多く存在しています。
難易度の高い大学へ入学することや専門的技術を磨くことばかりを優先する、間違った観念に、警鐘をならす有識者も漸く増えて来ましたが、未

だまだ足りないのが現状です。専門性を高める事が、即ち人の命を救うことではありません。本来、医療従事者の人間性（人柄）の醸成や患者の"心"を理解し優先する医療を心掛けるべきなのです。

こうした日本の医療業界とは対照的に、アメリカでは「技術があるのは当たり前、育成すべきは医師の人格」という考えの下、人として、医師として、その自覚と資質を育むことが大切なのです。又、医療現場では、医師、看護師、薬剤師、RT（Respiratory Therapist…循環器＆呼吸器官管理士←日本には無い…）、管理栄養士、メディカルソーシャルワーカー（日本ではケア・マネジャーだが、実質は大きく異なる）の6つの大きな機能が対等に存在して初めて本当の医療が成り立つと考えられています。日本では馴染みが薄いのですが、メディカルソーシャルワーカーとは、患者の生活環境や経済状況全体を把握し、その人にとって最も安心で掛かれる"医療"とは何かを患者、病院、医療人が一緒に考える、つまりその人の心に寄り添う医療環境のことを意味しているのです。

私は、これからの"医療"のあるべき姿とは、病気や怪我を治す為の治療をする、薬を飲む、といった即物的な行為を促し、施すのではなく、こうした人間の生活全般に寄り添う「ジェネラル」なトータル医療システムだと考えています。

ジェネラリスト・ドクター育成から、「アート＆サイエンス」医療概念を目指して

設立当初、「野口」財団はアメリカの臨床医学を導入することを主眼目とした医学交流活動に注力していましたが、次なるステップでは、国際的に通用する優秀なジェネラリスト・ドクターの育成を目指す教育プログラムを構築しました。このプログラムに由って、国、人種、学閥、門閥、閨閥に捉われない医師や医療従事者を輩出来ると考えています。

更にこれらのステップを経て、向後目指すのは人間同士の共感を基とし、人間そのものを主体として、倫理、哲学と医療システムを融合させる。即ち、医療の「アート＆サイエンス」概念とでも言うべき"人間そのものを重視した"理念なのです。

古代ギリシアの「医学の父」と呼ばれるヒポクラテスに立ち返れと言っている様ですが、人間本来の性、健康、サイエンス（医療に係る知識、技術とシステム）、アート（音楽、美術等に依り育成される感性）を融合させ、より高く充実した人間の"生"そのものを見つめる医療を醸成するプログラムを、アメリカの大学、トーマス・ジェファーソン大学と共同で実現させたいと考えています。

人は、病気や傷が治りさえすれば、幸せで心豊かに生きることが出来るのでしょうか?!　東京大学名誉教授で、「野口」の常務理事を務められた加我君孝先生は、不治の病で人生の終末を迎える患者に短歌を詠むことを勧め、それに依って「生きとし生きた者」の崇高な精神を捻り出し、心の動きに寄り添う治療を施しています。

人は誰でもいつか死を迎えます。

高齢化社会に突入した現代に於いては、"どの様にしてより充実した人生を全うするか"が一番大切で、最期の最期まで、QOL（クオリティ・オブ・ライフ…生活の質）を高める努力をすることが問われる時代になっています。

最後の一瞬まで、生きる希望と勇気を持たせられる…そんな医療を提供する医療界を創る…、これが、これからの「野口」の使命である、と考えています。

「私達に治させて下さい」Humanity and Empathy in Medicine

当財団は、Humanity and Empathy in Medicine という信条の下、患者の痛みや苦しみを共に感じ、「私に治させて下さい」という精神で寄り添うことの出来る人材を育成することが第一義であると考えています。

"患者優先の医療"即ち、"患者ファーストの医療"の実現を目指し、邁進して行く所存です。

チームワークを組める心を持った医療人を目指して欲しい

病気や怪我を治すことは単なる「医術・医療」は単に"scientific"でしかありません。"Medicine"とは人の内面にまで及ぶ総合的な医療を指し、"Humanity"とは、「人間性」という意味の他に、「人の道」、「慈悲」、「博愛」といった広く恒久的な人類愛が含まれています。日本に古くからある言葉の「医は仁術なり」と近い概念かもしれません。

医療に携わる者総てが、「人の持つ人間性（Humanity）を重視し、人と共感（Empathy）を憶え、寄り添い、総合的なケアの出来る人」、更には、「チームワークを重視し、あらゆる人の心を大切に出来る人」であって欲しいと思っているのです。

米国財団法人野口医学研究所
一般社団法人野口医学研究所

〒105-0001
東京都港区虎ノ門 1-22-13
TEL：03-3501-0130
http://www.noguchi-inc.com/

CLOSE-UP! TOP! SPECIAL INTERVIEW!

『正直』と『成長』
常に社会に必要な企業として

株式会社翔栄クリエイト 代表取締役

宇佐神 慎 氏

SYOUEI CREATE

高校生と社長の二足の草鞋

　自分の夢を追って、自分のために起業する人は多い。しかし宇佐神氏は、勤務先の負債を返済する目的で起業し、試練を成長の糧として歩み、現在は7つの事業を行っている。

　彼は高3の時、ある事件から、無リン洗剤販売会社の社長にさせられた。当時の河川は洗剤で汚染され、無リン洗剤の発売が待たれていたが、いち早く発売したその洗剤は落ちが悪かった。そこで彼は製品開発のため、茨城大学工学部へ進学。ところが入学直後、大手メーカーが相次いで無リン洗剤を発売したため、会社を閉鎖して、大学を中退。人のためになることをしたいと思い、福祉を志して茨城キリスト教大学に編入。数々の施設で実習するにつれ、『仕組みや制度』による福祉に限界を感じ『心』による福祉が重要なことを痛感する。そして先ずは、自分の『心』の成長を求めて、牧師になるべく東京基督教大学へ編入。ところが、頭の知識だけで牧師になっていく実態を見、社会の中で揉まれる必要を感じる。本気で成長したいと、敢えて名も無い営業会社に入社したという。

負債2億6千万円からのスタート

　大手企業には興味ありませんでした。ネームバリューで仕事が出来たとしても、意味が無いと思い小さなビジネスフォン販売会社に入社しました。すると、給与も家賃も滞る状況で、挑戦にはもってこいでした。日々飛び込み営業で顧客開拓。仕入れ先も300社以上開拓しました。取扱商品を増やし、個人売上も月間2千万円超に。すると社長は、1カ所だった事業所を13カ所に拡大。経費が嵩み、仕入先への未払金は募る一方。入社10年目には破綻寸前でした。この未払金を肩代わりする目的で(株)翔栄システム(現:(株)翔栄クリエイト)を設立。同時期、バブル崩壊で破綻した電気会社である顧客を借金毎引き受け、負債総額は2億6千万円となりました。

　しかし、設立7期目には返済の目途も立ち、主事業をOA機器販売から『業績を上げるオ

SYOUEI CREATE / WORKS

ショールームデザイン設計・施工事例
訪れた方に強い印象を残す、スタイリッシュでインパクトのある"魅せるショールームデザイン"。展示エリア全体を「ショーケース」のように感じていただける空間デザイン。

オフィスデザイン・レイアウト・移転事例
もともとは撮影スタジオであった物件の良さを最大限に活かしつつ、オフィスとしての機能性も追求したスタイリッシュな空間を演出。

リノベーション事例
ホテル1棟を、人材開発センターとして全館リノベーション。機能性・快適性を実現した空間創りを行う。

Profile

平成9年同社設立、代表取締役に就任。オフィスデザイン・電気工事に加え、太陽光・バイオマスの設計施工やブランディング事業、その他健康関連など幅広く事業を展開。本業は牧師。

社内のエントランス、共有スペース、ブランディング事業部講師の皆さん。社内はハイセンスかつ機能的で、オフィスをデザインする企業らしいハイクオリティな空間。

フィスデザイン』に変更。このサービスをまず自社で実践。5千万を投資して麻布にオフィスを移転すると、人財が集まり、受注もアップ。更に5年後には都庁前の新宿NSビルに1億を投じて移転。単なるデザイン会社ではなく、信頼に足るビジネスカンパニーとしてブランディングしました。

ところが14期目、ある事件で3億3千万円の赤字となり「倒産」の噂まで流れました。すると3億円を融資したいとのグレーな話が舞い込みましたが、即座に断りました。常に正直な経営がしたかったからです。会社の危機的状況は2年半続きましたが、給与削減はせず、旅費や宿泊費を会社が負担する長期旅行休暇制度も続行したまま回復し、5年たった今では新規事業立ち上げや、福利厚生も更に充実し、育児休業を終えた女性幹部も2人復帰しています。

会社の環境を充実する事で、勘違いしたり、会社にぶら下がる社員が出るなら、これは弊害にしかなりません。社員一人ひとりが成長してはじめて、福利厚生も意味を持ちます。仕組みや制度で会社を経営するのではなく、正直で、人のために成長したいと思う社員が自発的に仕事をし、会社もこれに応える。こんな企業を目指しています。

株式会社翔栄クリエイト

〒163-0802
東京都新宿区西新宿2-4-1
新宿NSビル2F
TEL：03-6894-2211（代表）
http://www.syouei.net/
http://www.syouei-ce.net/　他

CLOSE-UP! TOP!
SPECIAL COLUMN! & BOOKS!

髙松 修身 氏
株式会社システムセンター 代表取締役

新世紀を創造する
技術者集団で社会に貢献

IT革命の第二ステージの現代。
株式会社システムセンターは創業以来培った
「人間味」と「技術力」をさらに成長させ、
各コンピューター技術と設計技術が有機的に結合される
複合技術（マルチエンジニアリング）開発を目指し、
新世紀の全産業界の技術開発に貢献しています。

　成熟企業といえでも、のんびり構えていたら突然、情け容赦のない奔流に「のみ込まれる時代」がまさに現代である。スマホ人気で急上昇する企業も多々あるが、それが本当に長続きするかどうかは経営者の資質と事業のまじめさにかかわること。だからこそ企業モラルを徹底させ、愚直なまでに人を大切にし、人を基調とするのが髙松流経営戦略です。

　さらに、髙松社長曰く「ものごとは徹底してやれ」「ものごとを徹底してやるということは、やることに確信がある証拠。やることに迷いがなく、やるときは徹底してやる」事業の発想や展開方法、人の登用の仕方にもそのポリシーが反映していて、人を大切にすることを社是として、これを徹底する点でも迷いは一切ない。人を根底において事業を開発していこうとする姿勢と発想に、その心があらわれている。いつの時代でも「人」の経営が最後には勝つと信じている。

　古来からの木造建築に仮託してこういう金言があります。「塔組みは木組み／木組みは、木のくせ組み／木のくせ組みは、人組み／人組みは、人の心組み／人の心組みは、棟梁の工人への思いやり／工人の非を責めず、己れの不徳を思え」。

　「塔組み」を「会社組織」におきかえれば、木造建築の一本一本の木材の組み合わせが組織の一人ひとりの組み合わせと同じであるのが分かる。

　「良材とくせ木を選り分けて用いるのでなく、真っすぐな人間と癖のある人間とをうまく競わせ組み合わせていく。それによって組織に厚みが出る。言いかえれば人の「和」の力だ。そして、「和」とは個では得られない他とのめぐり合いで、より深い味わいを引き出すことを示唆していることがわかる。単に馴れあうのではなく、そこには「個と個の強烈な競い合い」が前提にあるのである。

　どんなに技術やシステムがあっても「人との対話」がなければ実りのあるものにはならない。

　例えば「新しい技術やシステムも、人と人との交流、対話があって初めて実りあるものになる。人と人とのつながりこそ次の時代を生き抜く財産である」これが髙松氏の考え方です。

　システムセンターはテクニカルイノベーションとヒューマンイノベーションで新世紀を創造する技術者集団です。

　コンピュータ技術は日々革新しています。メインフレームによる集中処理から高性能PCへのダウンサイジングを経て実現されたネットワーク依存型社会は、インターネット、モバイル通信と一人ひとりの情報端末へと変化しています。これを使う人々の可能性は限りなく拡大して、これがコンピュータ技術発展へとつながっています。この技術を提供する技術者集団こそシステムセンターです。システムセンター社員は、豊富な経験と、確かな実績、最新の技術を基盤にさまざまなコンピュータ・ソリューションを提供して、一丸となってテクニカル・イノベーションを目指しております。単なる技術だけには留まらずヒューマン・イノベーションとして、安心という最大の高精度技術者集団を社会へご提供し続けています。

システムセンター代表取締役として、この不況下に復活し再生し大飛躍を続けている高松修身氏。氏の新世紀を生きる「奇」の必要性と内容を紹介した3冊。

左：「異大なる奇業家」　1990年発行

中央：「IT時代を牽引する異大なる奇業家　髙松修身」　2001年発行

右：「髙松修身の不可思議精神経営」　1991年発行

著者コメント

組織のつくり方、人の統率の仕方、礼儀作法などの徹底した教育、イキイキ働く社員の姿など、歴史小説の中で行われているようなことが、実際、システムセンターの中では現実に行われているのを見て、感動を覚え、それらを率いる高松社長の経営哲学を探るため、「異大なる奇業家」という本を執筆させていただいた。今でも執筆の内容どおりの精神・思考・経営・行動をされており、バブル後の長い不況を乗り切って、現在、IT時代に無くてはならない存在として、「ソリューション」分野で活躍されています。東京市場においても、ホテルニューオータニに東京本部を置き、大手取引先を拡大、ソリューションカンパニーとしてIT技術者を牽引するとともに、経済界・芸能界など多数の人脈を持ち、異大なる奇業家ぶりを発揮しています。安定期には、「奇」はあくまで「奇」にしか映りません。しかし、本来「奇」とは物事の原理・原則であり、本質です。経営環境や社会経済環境が大激変真っ只中の今の時代、既存価値体系が崩れ去り、手本のない時代、正解のない時代といわれています。しかし、こうした時代だからこそ、髙松社長のような「奇業家」に学ぶべき本質的な要素があると思えてなりません。「異大なる奇業家──髙松修身」が次の新しい時代を創り上げていくことを期待しています。

Infomation

株式会社システムセンター

〒460-0008　名古屋市 中区栄 2-11-7　伏見大島ビル 3 階（本社）

〒102-0094　東京都 千代田区 紀尾井町 4-1　ホテルニューオータニビジネスコート 9 階 2907（東京支社）

TEL：052-231-1555（代）　　URL：http://www.system-c.co.jp/rec_fleshman.html

学生から社会人・ビジネスパーソンになるための必修目録

日本の経済構造

日本の企業を取り巻く経営環境の変化

21世紀は政治、経済、文化、スポーツなどあらゆる分野でめまぐるしく変化しています。インターネットで全世界のあらゆる分野の情報が誰でも収集でき、いつでも共有化できる時代です。この世界的情報化社会の中で特に企業を取り巻く経営環境は、政治や経済の国際化の影響を受け、著しく変化しています。企業が生き残り存続し、成長していくためには、まさにこうした経営環境の変化にいかに対応していくかです。大企業、中小企業にかかわらず現在は環境適応力が企業の将来を左右するといえます。

そこで、企業を取り巻く経営環境の変化をまとめると以下のようになります。

1. 経済のグローバリゼーション(国際化)とそれに伴う規制緩和

企業を取り巻く大きな環境変化の第一は国際化です。バブル経済の崩壊後、日本企業の再生への道はコストカットであり、生産性の向上による競争力の強化でした。そこで、日本の多くの製造業は人件費や経費の安い海外に生産拠点を移し、特に中国・アジアへの進出は大企業から中小企業に至るまで行われ、国内産業の空洞化が心配されるほどです。また一方で、国内での規制緩和が進み市場開放が促進され、外国企業(特に米国・ヨーロッパ)の大手企業が続々と日本へ上陸しました。ユダヤ系の金融企業の進出は、特に日本の株式市場に大きく影響を与え、M&A(Mergers and Acquisitions:企業の合弁・買収)などが積極的に展開されています。このように従来とは全く違った市場競争が行われ始めました。

2. 業界・業種のボーダレス促進

もう一つの経営環境の変化は、企業経営の多角化や新規事業開発に伴い従来の同業者間での競争に加え、全く他業界からの参入が多くなったことです。業界業種の境目がなくなり、技術革新、アイディア、新企画を背景に成長が期待される市場は複雑化しています。

●会社法による分類

株式会社の種類	資本金による定義
大会社	次のいずれかに該当する株式会社 資本金5億円以上または負債総額200億円以上
その他の会社	大会社に該当しない会社

●中小企業基本法による中小企業者の定義

業種分類	中小企業基本法の定義
製造業その他	資本金または出資金総額が3億円以下の会社 または常時雇用従業員が300人以下の会社および個人
卸売業	資本金または出資金総額が1億円以下の会社 または常時雇用従業員が100人以下の会社および個人
小売業	資本金または出資金総額が5千万円以下の会社 または常時雇用従業員が50人以下の会社および個人
サービス業	資本金または出資金総額が5千万円以下の会社 または常時雇用従業員が100人以下の会社および個人

3. 産業全体ハイテクIT化の促進

あらゆる業界で現在はIT技術が導入され、ハイテク化が進んでいます。また、バイオテクノロジーや新素材など新技術により、全く新しい経営資源の導入・活用が行われ高付加価値製品や商品・サービスが期待されています。従来のように大量生産・大量販売から、顧客ニーズにきめ細かく対応する多品種付加価値生産販売へと変化することが市場競争力を持つ時代となってきました。

4. 環境問題などに対する企業社会的責任の重要性の増大

現在、世界的規模で問題となっているのは、企業による環境破壊です。またさらに、企業の倫理観そして製品安全性(PL法)、個人情報保護など企業の社会的責任で厳しく問われています。また、経営内容の公開(ディスクローズ)や株主代表訴訟など、企業経営の社会的責任の重要性とともに、リスクに対するマネジメントの重要性が増大しています。

日本の産業構造は、一部の大企業と大多数の中小企業・ベンチャー企業で成り立っています。大企業と中小企業の区別は法律(商法(会社法)・税法(法人税)・中小企業基本法・労働基準法など)によりその定義が少し異なりますが、代表的なものを示します。

会社法によれば資本金5億円未満または負債総額200億円未満であれば大会社ではない(=中小企業)ですので、ほとんどが中小企業であることがわかります。

また、ベンチャー企業とは独自の技術開発力やノウハウで新しい事業分野を開拓しているチャレンジ精神に満ちた企業であり、大半が中小企業です。その特色は、創業者の強烈なベンチャースピリットが基盤となり、新製品を開発する研究開発型と、既存の市場の隙間を狙って新しい製品・サービスを開発し、提供する隙間産業開発型があります。法人数では0.3%の大企業と99.7%の中小企業で成り立っているにもかかわらず、売上高や利益高は大企業が大半を占めています。しかし、その基盤を支えているのは大企業の下請けや協力会社である中小企業の技術力、技能力、従業員力であり、新しい市場に技術・サービスの開発に命がけでチャレンジするベンチャー企業です。

日本の産業構造

日本にはどんな業界があるのかを考える場合、業界分類にはいろいろな方法がありますが、我々の社会生活がどのような産業構造をしているかを考えるとわかりやすいと思います。産業社会は大きくとらえると次の5つの業界で構成されています。ここでは(1)をご紹介します。

---

(1) 我々の社会生活基盤をつくり支えている社会基盤を計画・開発する産業、社会インフラ業界
 1) エネルギー業界(石油業界、電力業界、ガス業界など)
 2) 建設業界(建設業界、プラント業界、土木業界など)
 3) 住宅不動産業界(住宅業界、不動産業界など)
 4) 運輸交通業界(鉄道業界、陸運業界、空運業界、海運業界、倉庫業界など)
 5) 情報サービス業界(ソフトウェア業界、通信業界、インターネット業界など)
(2) 我々の社会生活、経済生活に必要なものを作る産業、製造業界
(3) 作ったものを我々に営業販売する産業、流通小売業界
(4) モノ以外で我々の社会生活を便利で豊かにするためにいろいろなサービスを提供する産業、サービス・レジャー業界
(5) 産業全体、社会全体が進歩発展していくために必要不可欠なお金の運用に対する産業、

我々の社会生活基盤をつくり支えている社会基盤産業(社会インフラ業界)

❶ エネルギー業界

1) 石油業界

現在主要産油国であるシリア・イラク・サウジアラビア・リビアなどの中東政治情勢が不安定なためと、中国などの需要が拡大を続けているために原油価格が乱高下し、ガソリン価格の変動が国内産業のみならず海外にも大きな経済的影響を与えています。石油業界は油田開発、原油採掘の上流部門と、原油の精製・販売など下流部門に分かれています。上流部門は欧米の石油メジャーや中東諸国がほとんどのシェアを握っています。

日本の石油業界は、99％以上の原油を商社が中心に輸入し、原油をガソリンや灯油などに精製会社で精製加工し、自動車用燃料などとしてサービスステーション(SS)などで消費者に販売するほか、火力発電所での燃料としても使われています。また、石油の特性を活かし、付加価値を高める用途に使うことを「石油のノーブルユース」といい、化学原料などとして利用することが今後期待されています。国際化に伴う規制緩和が進み、国内外業者間で競争が激しくなっています。

2) 電力業界

日本の電力業界は公共事業的であり、地域1社という独占体制状況が続いていましたが、「世界一高い電力料金」と言われるほどであったため、1995年の規制緩和により、電力卸売りの自由化が行われました。この結果、一般企業が発電事業に参入できることになり、自由化が促進されました。

しかし、平成23年3月11日の東日本大震災による東京電力福島第一原子力発電所事故発生以降、原子力政策や新エネルギー政策をはじめとする電気事業にかかる政策について、見直しが議論されています。一時全原子力発電所が停止したため電力各社が火力発電への依存を高めた結果、アベノミクスによる円安進行が重なり燃料費がかさみ、電気料金引き上げが続きました。また、省エネ化や国内工場の海外(中国や東南アジアなど)移転に伴い、産業部門の電力需要が減少しているため、中国やアジア諸国の電力開発事業への投資、事業指導などの事業拡大を図っています。2016年4月には電力小売り全面自由化され、越境電力販売が活発化するとみられます。さらに2018〜2020年には「発送電分離」に踏み切ることも予想され、電力の完全自由化が実現すると思われます。

今後は電源の種類(火力発電・水力発電・原子力発電・太陽光発電・風力発電など)による構成(電源構成)の見直しと、電気料金のコスト構造の見直しが求められています。

3) ガス業界

ガス業界も、緩やかながら規制緩和による小売りの自由化が進み、電力会社や鉄鋼メーカー、石油会社の参入が進んでいます。既存のガス会社は競争に対応するため、LNG(液化天然ガス)を燃料とした発電事業に参入したり、発電で生じる熱エネルギー(排熱)を利用して、給湯や暖房などの熱需要をまかなうなどの「熱電併給システム コジェネレーション」設備による事業展開などで競争対応を図ってきました。しかし、東日本大震災発生を機に進められた電力システム改革に伴い、ガス業界でも小売全面自由化が検討され始め、業種を超えた競争も激しくなる見込みです。

❷ 建設業界

1) 建設業界

建設業界は、道路建設、堤防建設、橋建設、トンネル建設などのコンクリートや基礎など土木工事分野、ビル建物建設など各種の設計分野と、電気工事、水道工事、ガス工事、通信工事などの分野が相互に関係しながら、開発から施工まで行います。中でもゼネコンと呼ばれる総合建設業が多大な力を持ち、大手ゼネコン、準大手ゼネコンが強力な力を持っています。建設業に携わる企業は、9割以上を中小企業が占めており、これら中小企業は大手ゼネコン、準大手ゼネコンの下請けとして存在しています。建設業界は公共事業に依存する部分が多く、公共事業投資が削減され続けたため、地方は特に厳しい経営環境が続き、多くの中小建設業者が倒産、廃業を余儀なくされました。

しかし、東日本大震災発生を機に既存公共建造・建築物・橋梁などの耐震補強、建て替え、保全、さらに2020年東京オリンピック開催に伴う関連施設建設など、資材・人材不足が続いています。

ビル建設や商業施設建設などは、景気に左右されるため、景気動向が

大きな影響を与える業界です。

2）プラント業界
プラント業界は、石油・電力・化学・鉄鋼などを生産するのに必要な生産設備（生産工場）を調査、企画設計、開発、設置、運用指導まで一貫して提供する業界で、大規模なものが多く、現在では特に中国や東南アジア諸国、中近東諸国、アフリカ諸国での需要が高く、一大プロジェクトとなっています。また環境汚染に対する環境安全設備の需要が高く、産業廃棄物処理撤廃、大気汚染処理設備、水質汚染処理設備など今後さらに成長が期待されています。

❸ 不動産・住宅業界

不動産業界はバブル崩壊、リーマンショック後、多大な影響を受け低迷していましたが、最近は住宅金利低水準が続き、ローン減税や消費増税前の駆け込み需要など、回復基調に乗っています。

不動産業界は、自社で土地を購入し、その土地を宅地や商業団地として企画開発し、オフィスビル・住宅・マンション・ショッピングセンター・レジャーセンターなどを建設し販売する「ディベロッパー業」、自社で物件を所有しオフィスや住宅、店舗として第三者に貸す「賃貸業」、不動産物件を売りたい人と買いたい人、貸したい人と借りたい人へ物件情報を与え契約の代行を行う「仲介業」、ビルやマンション、商業施設をメンテナンスし安全管理を行う「ビル・マンション管理業」があります。

いずれにしても景気に大きく左右されますが、都心部では大規模再開発が多く行われています。最近では、「六本木ヒルズ」「東京ミッドタウン」「汐留シオサイト」など超高層のオフィスビル、マンション、ショッピングモール、ホテル、文化施設などが複合化され、一大都市空間となっています。また、中古ビルや中古マンションもリニューアル・リノベーションされ、流通が促進されています。

最近では不動産証券化ビジネスが盛んになり、投資家の投資対象になっています。さらに住宅では、従来物件のリフォーム市場が拡大し、耐震化や団塊世代退職に伴うバリアフリー・二世帯住宅などの需要も高まっています。

❹ 運輸交通業界

1）鉄道業界
鉄道業界は、JRグループに代表される会社と私鉄大手、たとえば東京急行電鉄、小田急電鉄、京王電鉄、西武鉄道、東武鉄道（以上関東）、名古屋鉄道（中部）、近畿日本鉄道、阪急電鉄（以上関西）などが代表的な企業になります。

将来人口減少などによる旅客収入の減少が予想されるため、ICカード・電子マネー事業のサービスを強化しています。また、「駅ナカ」などの商業施設、不動産や流通・サービス業などの生活関連サービス事業などの非鉄道部門を強化して「選ばれる沿線」をめざし、路線価値向上に力を入れています。

2）陸運業界
物流の中心をなしているのが、トラック運送を中心とする陸運業界です。陸運業界は日本通運を代表とする総合運送会社と、ヤマト運輸を代表とする小口宅配運送会社があります。また、メーカー系列の日立物流や富士物流などはグループ会社の製品や部品、材料を専門的に扱っていましたが、近年は様々なお客様の荷物を広く扱うようになっています。郵政民営化により郵政公社が宅配業に参入し、競争の激化が進んでいます。インターネット通信販売の増加により宅配便取扱個数は伸びていますが、原油価格の動向によるガソリン代の値上がりで利益を左右する傾向が強く、輸送コストの削減が競争力に大きな影響を与えています。

3）航空業界
航空業界は日本航空（JAL）と全日本運輸（ANA）の2台大手航空会社と、H.I.Sの主導で設立されたスカイマークエアラインズや北海道のエア・ドゥ、宮崎県のスカイネットアジア航空、日本航空などが設立したジェットスター・ジャパン、エアアジア・ジャパンなどの効率的運航、サービスの簡素化などで低運賃を実現するLCC（Low Cost Career）の新規参入航空会社で成り立っています。

原油価格高騰による航空燃料の上昇、テロ対策そして安全運航管理体制などコスト面に対する負荷が経営を厳しい状況にしています。特に新規参入会社のエア・ドゥは、経営破綻しましたがANAの支援により立ち直りました。また、スカイネットアジア航空も債務超過に陥り産業再生機構により、ANAと業務提携することになりました。いずれにしても新規参入会社は独立経営が厳しい状況です。

また、羽田空港の拡張、中部国際空港、神戸空港などの開港などにより、より路線拡大が図られています。

4）海運業界
海運業界は日本の輸出入貨物の99％以上を取扱い、海外から資源や食糧を運ぶ一方、国産の工業製品等を海外へ運び輸出立国としての日本の貿易を支えています。海運会社は、日本郵船、商船三井、川崎汽船の3大会社が取り扱いの大半を占めています。海運には、コンテナを利用しスケジュールや寄港地をあらかじめ決めて輸送する定期的な定期船と、決まった貨物を輸送するタンカーを中心に原油、鉄鉱石や穀物を輸送する不定期船とに分かれます。輸出入は米国・中国・EU諸国貿易を中心として盛んですが、やはり原油価格変動に経営が左右されます。そのため日本人人件費が高いため船籍を外国籍にし、賃金の安い外国人船員を雇用してコストダウンを図ったり、各社大型コンテナ船の建造など効率を追求しています。

5）倉庫業界
倉庫業界は、三菱倉庫、住友倉庫、三井倉庫など旧財閥系が大手を占めています。機械や製品、材料、農作物、食料品、衣料品などあらゆるものを保管する倉庫や、魚・肉、冷凍食品などを低温で保管する冷蔵倉庫などがあります。いずれにしても保管場所は、あらゆる製造業、商社が必要としており、物流業者との連携により効果的な保管および輸送が必要であり、コンピュータ技術を駆使したロジスティクスシステムが大きな力を発揮しています。荷主企業のロジスティクスを物流改革の提案から運営までを包括的に委託する3PL（サードパーティロジスティクス：事業者自身が荷主企業の立場・視点から物流効率化（物流費削減、供給の迅速化、売上の拡大など）を実現する物流形態）が物流システムの中心になっています。

❺ 情報サービス業界

1）ソフトウェア業界
ソフトウェア業界は、大きく2種類に分類されます。OS（オペレーティングシステム）と呼ばれる「基本ソフトウェア」と「アプリケーションソフト」で、これらを扱う業界をソフトウェア業界と呼びます。
パーソナルコンピューターではマイクロソフトのOSがほとんどのコンピュータに使用され、世界一のシェアを誇ります。データベースソフトはオラクルがトップシェアを握り、ERP（Enterprise Resource Planning Systems：企業情報を一元管理する統合型パッケージソフトウェア）ではSAPがトップです。日本のパッケージソフトは中小企業のものが多く、今後これからといった状況です。

2）情報処理サービス業界
情報処理サービス業界は大手SI（システムインテグレータ）を中心として、情報システムの企画、開発、運用を一貫して行います。情報システム構築の際には、ユーザー業務の把握、分析、ユーザーの課題解決を可能にするシステム計画立案、構築、そして保守・運用までを請け負います。
業界の特徴は、元請けが大型の案件を受注し、複数の協力会社が内容や規模・得意分野によって業務を振り分けるゼネコン型のピラミッド構造で仕事をすることです。業務ソフト開発は、大中小の「ソフトハウス」が、データ入力処理は「情報処理サービス会社」が行うという形態です。
近年の動向として、データをインターネット上で管理するクラウドコンピューティングや大量のデータを分析して傾向を把握するビッグデータの活用などに注目が集まっています。ビッグデータは購買履歴や口コミ、顧客情報、POSデータなどに代表され、企業のマーケティングや商品開発などに有効なことから、注目を集めています。

3）インターネット・通信業界
スマートフォンや携帯電話の通信エリアはほぼ日本全国にいきわたり、海外との通信サービスも実現しています。したがって、従来の固定電話の利用は著しく落ちています。また、最近ではインターネット技術によりデジタル化した音声などを送信するIP電話が、低料金でサービスを提供していることから、普及速度が速まっています。携帯電話はNTTドコモがまだトップシェアを誇っていますが、auとソフトバンクが競争力を増しています。
今後様々な業界との連携が考えられ、あらゆるサービスがデジタル通信を活用し、インターネットによる多種多様なサービスが開発されています。デジタル通信技術の発展とインターネット、スマートフォンや携帯電話の多機能化により買い物の決済、ホテル・旅館の予約、映画・劇場の予約、映画・音楽配信、株の売買、JR・航空券の予約、TV携帯電話、各種企業取引などあらゆる我々の生活レベルで利用・活用範囲が広がっていき、ますます進化しています。

（1）我々の社会生活基盤をつくり支えている社会基盤を計画・開発する産業、社会インフラ業界

日本の企業構造

（1）経営理念の重要性
経営理念とは、会社がなんのために誰のために何をするのか、社会に対する存在目的を明確にしたもの、会社の憲法のようなものです。つまり社長から従業員一人一人に至るまでこの経営理念をよく理解し、守り、実行していかなければならない経営活動の中心であり、モノサシとなるものです。
現在はめまぐるしく経営環境が変化し、競争は国内企業のみならず海外企業とも行わなくてはならない厳しい状況です。経営環境の変化に絶えず適応し、生き残っていくために企業は変化していかなければなりません。そこで経営理念の普遍性を守りながら、存在適応することが重要となります。この経営理念に基づいて経営戦略・事業計画が立案され、実行され、企業経営されているのです。

（2）株主総会の役割
株式会社の意思決定機関で、株主によって構成され、株主はそのもち株数に応じた議決権を持ちます。常置の期間ではなく、決算期ごとに召集される定時総会と、随時に召集される臨時総会とがあり、大きく分けて4つの事項を決定します。
① 会社の定款変更、解散、資本の減少、会社の合弁、分割、株式の交換や移転など
② 決算報告の承認・利益配分案など
③ 取締役や監査役の選任、解任など
④ 取締役や監査役の報酬決定など

（3）取締役会の役割
取締役会は、経営の最高意思決定機関である株主総会で選任された、取締役と監査役で構成され、次の役割を担います。
① 業務執行の最高意思決定機関として業務執行の決定
② 代表取締役の選任・解任、株主総会の招集
③ 取締役の職務執行監督
④ 株主配当額の決定、新株社債・転換社債の発行の決定
などを行います。

なお新会社法では、株式譲渡制限会社は取締役会を設置しなくてもよくなりました。この場合は代表取締役の選任も不要ですが、取締役が複数いる場合は、業務執行の意思決定には過半数の取締役の賛成が必要となります。さらに、取締役は1名でもよく、任期も原則2年ですが10年まで延長できます。上場企業では従来通り、取締役は3名以上で任期も2年です。また監査は、決算内容に対する会計監査と、業務執行に対しての業務監査が必要になり、監査役の重要性が増大しています。

会社を理解する場合、まずどんな内容の仕事業務があり、またどんな組織形態で責任と権限が存在し、実行されているのかを理解する必要があります。中小企業でも規模の大小の違いはありますが、同じような考え方で組織が運営されています。

従業員として働くことの基本知識

(1)労働基準法

労働基準法は、労働者が人たるに値する生活を営むために、労働条件の最低基準を定めたものであり、この法律を下回る労働条件で人を雇うことはできません。主な内容は、

- 労働条件…労働条件は労働者と使用者が対等の立場で決定すべきものであり、均等待遇（差別禁止）、男女同一賃金の原則、強制労働の禁止などがあります。
- 労働契約…労働契約期間、賃金・労働時間などの明示、強制貯金の禁止、解雇予告（30日前）と解雇制限（業務上負傷・疾病による休業期間・産前産後休業期間とその後30日間）、退職時の証明交付などが定められています。
- 賃金支払…毎月一回以上、一定の期日を定めて通貨で支払うこと、休業手当などについての定めがあります。（最低賃金については「最低賃金法」に定められています。）
- 労働時間…1週間40時間、1日につき8時間＝法定労働時間（＊事業規模と業種によっては協定により週42時間、1日10時間まで労働可）、休憩時間、休日、★時間外労働・休日労働の割増賃金、★年次有給休暇などについて定めています。（★については後段に解説）
- 就業規則…常時10名以上の従業員（パートタイマーも含む）を雇用する会社は、就業規則を作成し、労働基準監督署へ届け出、全従業員にその内容を公表することが義務付けられています。就業規則作成・変更については労働組合、労働組合がない場合は労働者の過半数を代表する者の意見を記した書面を添付しなくてはなりません。
就業規則には、次の「絶対的記載事項」と「相対的記載事項」があります。

● 絶対的記載事項（必ず記載されなくてはならない項目）
　就業時間・休憩・休日・賃金・退職に関する事項
● 相対的記載事項（定めをする場合は記載すること）
　退職手当・臨時賃金・最低賃金・食事や作業用品の負担・安全衛生・職業訓練・災害補償や業務外傷病扶助・表彰や制裁に関する事項

★時間外労働、休日および深夜労働の割増賃金…
労働基準法第36条では、使用者と労働組合、労働組合がない場合は労働者の過半数を代表する者と書面による協定（通称サブロク（36条）協定）をし、それを行政官庁に届け出た場合、上記「労働時間」で定めた時間を延長、または休日に労働させることができるとしています。（労使協定がなければ時間外労働は法律上認められていません）
この労働時間の延長または休日労働に対しては、割増賃金を支払うことが法律で定められ、割増率の最低基準も以下のように定められています。

- 時間外労働…通常賃金の125％以上
- 時間外労働が月間60時間を超えた場合…超えた部分は通常賃金の150％以上
- 深夜労働（10:00pm～5:00am）…通常賃金の125％以上
- 休日労働…通常賃金の135％以上
- 時間外労働が深夜に及ぶ…通常賃金の150％以上
- 休日労働が深夜に及ぶ…通常賃金の160％以上
- 管理・監督者の割増賃金…時間外・休日労働＝×（適用されません）
　　　　　　　　　　　　　深夜労働＝○（適用されます）

★年次有給休暇…
雇い入れの日から6か月間継続勤務し、労働日の8割以上出勤した労働者に対して、事業主は有給休暇を与えることが定められています。1週間に5日以上労働する一般労働者の場合の有給休暇付与日数は、次のようになります。

継続勤続年数	6ヶ月	1年6ヶ月	2年6ヶ月	3年6ヶ月	4年6ヶ月	5年6ヶ月	6年6ヶ月
付与日数	10日	11日	12日	14日	16日	18日	20日

労働基準法には上記以外にも、中間搾取の排除、前借金相殺の禁止、安全衛生、災害補償、年少者、妊産婦など、多くの項目について、詳細が定められています。

＊厚生労働省HPに就業規則の雛形がありますので、参考にしてみましょう。

(2)労働組合法

労働組合法に先立ち、憲法第28条で保障される経済弱者である労働者の基本的な権利には、

- 団結権（個人の力では弱いので、労働者同士が団結すること）
- 団体交渉権（労働者団体の代表を通じ使用者と交渉すること。使用者はこれを拒否できない）
- 団体行動権（ストライキなどの争議権を行使すること）があります。

労働組合法は、この労働者の基本的権利を具現化するために制定されています。
労働者が使用者と交渉する場合、対等の立場に立つことを促進し労働者の地位を向上させるために団結し、使用者と団体交渉し、労働協約を締結し、不当労働行為を排除することなどを定めています。ただし、いかなる場合も暴力の行使は、労働組合の正当な行為とは認めていません。

なお、公務員（国家・地方公務員・警察官・自衛官など）は国家公務員法によって、労働権が制限されています。

参照著書
『社会人基礎力』

発行元：
公益財団法人 日本生産性本部
生産性労働情報センター

千葉商科大学大学院客員教授、
ジーアップキャリアセンター 代表取締役
加賀 博（著）

人材育成支援機関
のご紹介

ジーアップキャリアセンター

本来、企業の将来を担うはずの新卒者が、入社後わずかの期間で辞めてしまう。厚生労働省のデータによれば、大卒新入社員の30％が3年以内に退社しています。わずか入社1ヶ月で退職してしまうといったケースも珍しくありません。一方で、期待に胸を膨らませて入社したにもかかわらず、実際に働き始めてみると何だか違和感がある。そんな人たちも後を絶ちません。これらケースは多くの場合、「仕事における企業と個人のミスマッチ」が原因であると考えられます。私たちジーアップキャリアセンターは、その問題に真正面から取り組み、企業と個人の相互理解の上で採用・就職が実現する「活力に満ちた日本社会」を創り上げていきます。

🌐 http://www.g-up.co.jp/

ホスピタル人材総合研究所

リーマンショック以来、世界経済は金融資本主義（市場資本主義）の危うさに気づかされ、実質経済成長の重要性を新たに認識したと言えます。日本経済についても、少子高齢社会が急激に進む中、このままでは国力の衰退は避けられない状況です。こうした経済環境の変化は経営そのものの考え方、やり方を根本的に考え直し、新たなスキーム・ビジネスモデルを創造しなければなりません。世界中でグローバル化が進み、産業構造のサービス化および少子高齢化が進む中、政財官民の総合力をもって、サービス業界や介護・看護業界（ホスピタル業界）の成長支援を行うことが重要テーマです。
そこで、このホスピタル人材力を経営層から一人ひとりの従業員にいたるまでいかして開発するか、また、それを支える人事制度の改革・創造を含め総合的ホスピタル人材組織開発支援を目的として、ホスピタル人材・組織開発プログラムをご案内申し上げます。

🌐 http://hospital-rabo.com/

一般社団法人 就業総合支援協会

社会力とは人類が生き残るために能力を活用し、成長、進化させた最強の能力でありシステムと言えます。植物や動物にとっては、環境適応力と言えます。人類はこの人材社会力により環境適応力どころか環境活用力さらには環境支配力を持つ様になり、今では環境破壊力に至ってしまい人類自ら破壊しかねない状況と思われるのです。
つまりは、この人材社会力を正しく活用すること、その為に人材社会力を振り返り学び直し修得、発展させていく事こそ人類社会の幸福を築く方向であり方法と言えます。
今日少子高齢化が急速に進む中、『一億総活躍社会』を実現させるためにも、一人ひとりが自身の成長とそれに伴う社会への関心、働きかけを目指し、自分の能力を顕在化させフルに活用し、社会へ貢献する努力をすることです。
私たちはこれらを使命とし、各種ビジネス資格の創出を通じて、またセミナー、シンポジウム、出版、研究会企画の開催により人材社会力の向上に貢献していきます。

🌐 http://syugyosien.com/

株式会社 日本経営コンサルタント 総合支援機構

（株）日本経営コンサルタント総合支援機構は、企業の成長発展に必要なプロ人材である経営コンサルタントの育成組織化を図り、企業が求める経営総合支援を研究し、各種経営コンサルタント支援事業を通して国際産業社会の発展に寄与することを目的として設立されました。当機構を通じて、日本経済を支える様々な業界業種の企業様と、プロのスキルを持った経営コンサルタント会員の相互テーマ交流、相談を実現します。
今日、複雑化しグローバル化する経済環境の中で、経営革新、人材育成、新製品・商品サービスの開発、また、法務、労務、財務問題から特許権関連、海外アウトソーシング等、企業が直面する問題は多テーマに渡ります。当機構では、それぞれの分野を得意とするプロのコンサルタントを総合的にコーディネイトし、総合的な施策を効果的、効率的にご提案、ともに問題解決に当たります。

🌐 http://www.jp-consul.co.jp

企業研究シリーズ　日本と世界が注目する

戦略成長企業
STRATEGY GROWTH COMPANY

— TOP INTERVIEW! —

TOP INTERVIEW.01

日下 隆史 氏
株式会社アトリウム 代表取締役社長

価値の再生～創生
不動産業の枠を超え
チャレンジする

不動産のプロフェッショナルとして
お客さまのニーズに応え、不動産の枠を超えた、
新しい価値観さえも創造していく。
当社は不動産再生企業のパイオニアです。

風通しのよい、
明るく、人の集まる中庭のように

アトリウム（グループ）は、クレジット事業において「セゾン」「UC」という2大ブランドを展開するクレディセゾングループ内で不動産に関連する事業を行っています。

前身は、サービス先端企業であるセゾングループ内で、主に「競売物件」を扱う不動産会社でした。競売物件とは、その経緯上、実際よりも資産価値が下がってしまっているケースが多いのです。そこで、きちんと手をかけて、新しく蘇らせて提供しておりました。これがアトリウムの原点です。アトリウムという社名は「建物の中に作られた明るい中庭／吹き抜け」に由来しています。吹き抜けは風通しがよく、自然に人が集まります。お客さまやマーケットのニーズに、風通しよく対応し、健全な街を創り、人が集まりたくなる空間を提供する。家や建物をつくって販売するといった、先に物ありきの事業形態ではなく、あくまで不動産を中心に新しいニーズや価値観を自由に創造する、そういった企業体です。

専門知識に支えられた
お客様へのサービス提供

当社は、不動産業界の中では、不動産業一筋という社員は少ないかもしれません。私自身、大学卒業後、クレディセゾンで働いており、店頭でセゾンカード入会のご案内をしていたこともある異業種出身です。当初は戸惑いました。業界用語も異なりましたし。ただ不動産業界は、資格、学校、マニュアルなど法律がしっかり整備されているので、時間と集中力があれば専門知識は学べます。私もがむしゃらに学びましたが、私よりずっと経験を持った専門家やスペシャリストに敵うはずがありません。しかし、ビジネスのコアの部分は、どの業界でも大きくは変わりません。結局はお客さまやマーケットのニーズの変化を捉えることに注力することが重要だと思いました。

業界の慣例も、
社会の変化に寄り添って再考する

少し余談になりますが、不動産の資産価値や土地の価格を聞かれて即答できる人は少ないと思います。その理由は、不動産の市場は、一般のお客さまにはまだなじみの薄いものだからです。販売側と購入側で、いわば、情報の非対称性があり、お客さまに、十分に情報をお届けしきれてないことも一因でしょう。当社は、従来の慣例にとらわれず時代の変化に合わせたサービスを提供していきたいと思っています。例えば不動産の購入は、今現在は、多くの方々にとって一生で一度の大きな買物という位置付けだと思いますが、少子高齢化に加え、長寿化も進む社会では、世帯ごとにバラバラに暮らさず2世帯ならぬ3世帯で暮らそう、と動機が変わって来るかもしれません。そういった社会の変化の可能性を敏感に察知し、お客

さまのニーズを基に、新しい価値観さえも創造していくことが、これからの当社の使命だと考えています。

環境の変化に揺らがない事業基盤と、新しいコミュニティの創造

不動産業は、業界の性質上、市場に大きく影響されますので、揺らぎのない事業基盤を固めることが重要だと思っています。不動産事業が中核であることには変わりませんが、単に不動産売買や賃貸収入に頼らない、その場所で、誰が何を、どんなことができるのか、といった新しい提案を事業展開していくことを考えております。場所＝土地の持つ意味や価値をよく理解しているからこそなせる事業です。最近では、表参道という立地を活かし、シェア美容室という従来の美容室とは異なったビジネスモデルで展開したり、運営会社と協業した大型商業ビルを恵比寿駅前にオープンしたりほかにも運営会社とタイアップしてフィービジネスを展開するなどジャンルも多岐にわたります。業界の枠を超えたコミュニティを創り上げ、社会貢献していきたいと思っております。

主体的に未来を創れる会社に、「置き換え力」を持ってチャレンジ！

当社で働く魅力は、まずは「自ら主体的に何ごとにもチャレンジできる」ということです。

当社は親会社であるクレディセゾンの社会的信用力・資金力を背景に企画力を活かせる会社です。数百億円クラスという規模のプロジェクトは難しいですが、数十億円クラスのアセットであれば企画内容によっては可能です。

社員には新規事業にも積極的にトライしてもらいたいと思っています。まずは小さくスタートアップすることで実験を繰り返しマーケットにリリースしていく、そういった意味では失敗を許容できる会社でありたいと私自身は常々思っています。

もっと言えば、親会社のブランドを携えながら、自由に新しいことにチャレンジして活躍したい、そういうしなやかな発想を持ってもらえると嬉しいですね。

そして私がもう1つ望む力が「置き換え力」です。社会に出たら、自分とは異なる世代の諸先輩方と働く機会も増え、当然、何かしらのギャップを感じることも多いでしょう。そんなとき、「この人と自分は年齢も生きて来た時代も違うから」で終わらせないで欲しいのです。自分に置き換えて考えてみてください。ちょっと考えるその姿勢が、あらゆることの理解を深め、コミュニケーションを円滑にします。「置き換え力」は社会で生きていく上で、皆さんのこれからの人生に不可欠な力なのです。

見たことのない自分を再発見するチャンス！

社会に出るということは、今までの自分とは違うステージで、今まで知らなかった自分を実現できるチャンスです。新しい自分を発見できる、可能性にチャレンジできるチャンスだと考えて欲しいですね。

当社で今までの自分とは違うステージに昇ってみませんか？

1 広く見渡せる社内(本社)。
2 社員のデスク。顔を見合わせ易く、円滑にコミュニケーションが可能。
3 グループ総合受付。

株式会社アトリウム

〒100-0011
東京都千代田区内幸町1-5-2
TEL：03-6205-0801（代表）
http://www.atrium.co.jp/

TOP INTERVIEW.02

上田 富三 氏
アドソル日進株式会社 代表取締役社長

社会の根幹を支える
インフラシステムを
安全、安心、快適に。

社会インフラを筆頭に、
情報通信技術をグローバルに展開しています。
社会の技術進化を先取りしながら、
ICT企業として独自の進化を続けています。

将来性を感じたコンピュータと
ソフトウエアに魅せられて

　現代社会のインフラ、電力、ガス、航空、鉄道、道路、防災や医療、ネット決済など、生活のあらゆる場面を支えているものは何だと思いますか？　全世界で繋がっているコンピュータシステムだと私は考えています。今から４０年前、「これからはコンピュータの時代だ！」とコンピュータに魅せられ、この世界に飛び込みました。まだビル・ゲイツも登場していなかった時代です。20代後半、自分でソフトウェア開発会社を興し、10年社長を務めた後、ヘッドハンティングされて、より大きな事業規模の会社で事業部長として働いている中、アドソル日進の前社長から「アドソルを上場させるために力を貸して欲しい」と声がかかったのが52歳のときでした。私はコンピュータやシステムが本当に好きですから、この世界で自分が役に立てるよう挑戦し続けていたい、と考えた上で決断し、当社に入社しました。52歳からの新しい挑戦です。それから13年、おかげさまで2016年9月には東証一部上場も果たせました。

配慮すべきは人間関係
当社は人材がすべてだから

　当社は創業以来、社会インフラを支えるシステムの開発、ソリューションを提供してきた会社です。工場で何かを製造しているわけではありません。人材がすべての会社です。社長就任後、私が最も配慮したのは、やはり人間関係です。突然、外部の人間がやってきて社長に就いたわけですから、成果や実績を挙げるのはもちろんですが、私も含めた全社員の一体感と良好な人間関係を築くことを重視しました。月初に、全社をＴＶ会議システムでつないで朝礼を行い、事業の近況や私の考え、ビジョンを伝え、皆で信頼関係と連帯感を共有しながら働くことができるよう体制を整えてきたつもりです。

企業理念と
5つの経営理念を大切に

　当社は、ソフトウェアやシステム開発の中でも、今はやりのゲームやエンターテイメント的な個人向けソフトではなく、社会を支えるインフラシステムを提供することで社会貢献を目指している会社です。「独立系」のICT企業ですから、各お客様とはそれぞれ等距離でのお付き合いをさせていただいており、エネルギー、交通、通信、医療など、幅広い業種の日本を支える大会社のシステム全般に携わらせていただいています。そういった仕事に携わる使命、会社の社会的な存在意義を、社員一人ひとりが自覚するべき志として、次の5つを経営理念として掲げています。

● 私たちは、お客様に"魅力と満足"を提供します。
● 私たちは、健全な経営を通じて"伝統と信頼"を築きます。
● 私たちは、創意と熱意により"事業と業務の革新"に挑戦します。

- 私たちは、"技術と能力"を磨き、チームワークで総合力を発揮します。
- 私たちは、"会社の発展""社員の幸福""株主の利益"をともに追求します。

アドソル日進は、『IoTで未来を拓く総合エンジニアリング企業』としての誇りを胸に、高付加価値サービスの創造・提供を通じて、お客様の満足と豊かな社会の発展に貢献してゆく会社です。

業務遂行に必要な
資格取得の教育や支援を惜しまない

当社が提供するのは、社会の基盤を司るシステムですから、お客様が安心して当社に任せ、連携しながら、問題意識を共有できるような体制と、高い技術力が必要です。技術者が財産なのです。そのため当社では業務遂行に必要とされるスキルや資格取得のための教育や支援を惜しみません。社員の1人あたり保有資格は5件以上、、プロジェクトリーダー以上に必要な資格とされるPMP（Project Management Professional）も、業界トップクラスの取得率で、資格のアドソル、教育のアドソルとして高い評価をいただいています。そのほかにも、社員のスキルアップ、モチベーションアップ、努力をした人をきちんと評価をするインセンティブを用意し、常に高いフィールドで働くことができる職場環境を整えています。よりグローバルなステージを見据えて、英語、中国語などの語学研修も積極的に実施しており、ネイティブ講師による英会話教室も各地域で毎週開催しています。海外展開の足がかりとなる人材育成、ひいてはその国の産業育成に貢献できれば嬉しく思います。

日本の枠を超え、アメリカ、中国、
ベトナムにおけるグローバル展開

グローバル展開も当社では2つの軸があると考えています。1つは、アメリカ シリコンバレーで最先端のセキュリティソリューションを保有する会社と提携。革新的なロジックで、あらゆるIoT機器をサイバー攻撃の脅威から守るべく、日本のトップランナーとして、IoTセキュリティの分野に取り組んでいます。

もう1つは中国やベトナムにおける拠点をより強固なものにすることです。システム開発会社は、海外拠点を置くことが難しいとされていますが、当社ではオープンにプロジェクトを管理するシステムを「当社独自のツール」として保有しており、海外拠点での「垂直分業」を可能にすることで、より安定したサービスを供給しています。

また、日本の大学を卒業した優秀な外国人留学生を毎年採用し、人財多様性の中での事業運営も意識しています。

「相手ファースト」に
取り組む気持ちを忘れずに

当社では＜Challenge　挑戦する＞＜Effort　努力する＞＜Think　考える＞この3つの姿勢を重視しています。ICT企業は、常に新しい高い技術が求められます。守りに入らず、常にチャレンジする姿勢を持っていて欲しいと考えています。失敗しても次の経験の糧にすれば良い、会社も前向きな挑戦を大いに推奨しています。特に若いうちは失敗を恐れず、高い志を持ってどんどんチャレンジして欲しいです。また努力する姿勢と、考える姿勢では「相手ファースト」の視点を大切にして欲しいと思います。努力したり考えたりすることは、自分のためだけにではなく、相手のために行うことです。相手の言葉を素直に聞いて、相手のために何ができるか考え、努力することが大事なのです。そうして相手が喜んでくれたときの喜びを感じて欲しいと思います。

「毎日楽しい」を
実現できたら素晴らしい

「好きこそ物の上手なれ」とはよく言ったもので、本当にその通りだと思います。かくいう私も「毎日楽しい」からこそ、年を重ねてもわくわくでき、情熱とチャレンジ精神を持ち続けていられるのでしょう。その仕事でプロになる意識を持って、どうぞ自分の持つ皮膚感覚で、職業感を見つけてください。当社は、お客様から「アドソルに頼めば何とかしてくれる」と思われる企業を目指して、社員みんなが活躍できるステージを用意しています、一人ひとりが、毎日楽しみながら働けていたら素晴らしい。是非、一緒に楽しみましょう。

---

1 品川駅付近の京浜運河沿いに建つ、アドソル日進がオフィスを置くリバージュ品川。

アドソル日進株式会社

〒108-0075
東京都港区港南 4-1-8
リバージュ品川
TEL：03-5796-3131（代表）
http://recruit-adniss.jp/

TOP INTERVIEW .03

美濃 和男 氏
株式会社エイジア 代表取締役社長

消費者視点を尊ぶ「ちょうどいい」で日本社会に貢献

メール配信システムを軸とした
マーケティングコミュニケーションで、
企業の顧客満足度・収益向上を支援する、
マーケティングのリーディングカンパニーです。

「ONE TO ONE」メール配信で国内で圧倒的な信頼

エイジアは、特にメール配信システムを中心としたマーケティングソリューションで、企業さまの販売促進、マーケティング活動をお手伝いしてまいりました。今やこうしたサービス、国内のeメール配信サービスではシェア業界トップクラスに名を連ねさせていただいております。

現代のインターネット社会では情報が溢れています。消費者は、何が必要で何が不要なのかという判断が求められ、結果としてIT技術の情報検索技術は進化しました。大量の情報を、素早く処理し、提供するテクノロジーです。一方、パソコンやスマートフォンに毎日届くeメールはどうされていますか？　私も毎日200～300通のメールが届きますが、一消費者として、本当に欲しい情報を見つけるのはなかなか難しいと感じます。一人一人ニーズは異なるため、その人にとって有益な情報でなければ、単なる迷惑メールでしかありません。例えば、家電量販店で半年前にプリンターを購入したお客さまに向けて新商品のご紹介をする場合、1、洗濯機　2、プリンターのインクリボンのどちらの情報をお伝えしますか？　お分かりかとは思いますが、半年も使用すれば消耗品情報を求められている可能性が高く、2です。当社では、こういった消費者視点での「ちょうどいい」を提供することを目指しています。

一人一人が本当に欲しい「ちょうどいい」を実現

当社メール配信システムの強みは、業界最高レベル（毎時300万通以上）の高速配信を実現していることです。この高い技術力で、多くの顧客を抱える通販会社さま、化粧品会社さま、保険会社さまなどから信頼をいただいてまいりましたが、今後は人工知能も活用の上、メール、SMS、LINE、電話、DMなど多くのチャネルを選択しながら、消費者一人一人の本当に有益なことは何かを大切にした「ここちよいメッセージング会社」づくりを実現させ、社会貢献していきたいと考えております。

一人当たりGDP増加で社員に、そして日本に貢献

私が考える社会貢献とは、日本の一人当たりGDPの増加に貢献することです。一人当たりGDPは豊かさの指標です。これからの社会の在るべき姿は、大量に生産して消費するといった経済活動を優先させることより、一人一人が尊重され、社会の中で育まれ、やがて適正に利益＝付加価値を産む循環を成立させることではないでしょうか。

当社においてもこうした循環をスムーズに回すことが私の使命で、一人当たりGDP増加を実現、当社から、日本の一人当たりGDP増

加を牽引していきたいですね。

人材がすべて。
育成と教育

さて当社は、生産工場を持っているわけではなくソフトウェアを提供しています。付加価値を産むのは、人間の頭と手だけ。当社は人材がすべてなのです。一人一人が存分に力を発揮できるよう育成に力を入れています。学生時代、プログラム開発の経験があるとか、ゼミ長を務めたなどの経験値は、あるに越したことはありませんが、社会人としての教育は会社が行いますので、文系理系も問いません。当社が採用を5〜10名に絞らせていただいているのも、責任を持って育成できる人数を考えてのことなのです。技術者として入社した場合は、3ヶ月は外部研修を受け、その後はOJTで約1〜2年は先輩についてもらいます。甲斐あって、当社は社員の定着率が高く、男女比も6：4と、女性にも長く活躍できる環境を整えています。一人当たりGDPの増加には女性の就労人口の増加も欠かせません、制度を設けるだけでなく、実際に取得できる雰囲気、企業文化づくりを心がけています。

人と話す力、対話する姿勢
学びを止めない意識

入社後は、先輩について学んだり、チームで業務に携わるので、人と話せる力は必須ですね。システム開発会社というと、人とコミュニケーションしなくてもよいのではといったイメージを持たれることも多いのですが、そんなことはありません。人と対話できる力は基本です。その上で、謙虚に、学びの意識を止めない人が来てくれると嬉しいですね。会社は責任を持って育成します、学ぶ姿勢を持ち続けて欲しいのです。

人生に唯一の答えはない
自分の「正解」を見つける

これから社会で働いていると「これはヤバいぞ」といった大きなピンチに、1〜2年に1回は遭遇するでしょう。その試練は誰の元にも平等に訪れ、苦しいのは自分だけではありませんから、決して逃げないでください、勇気を持って立ち向かう。これは私の信条でもあります。やると決めてやる。人生には、例えば数学や物理のように「唯一の正解」はありません、「答え」は自分で見つけていかなければならないのです。めいっぱい考えて出した結論が「自分にとって正しい答え」です。考えて考えて答えを出すこと。後から後悔しないように、考えて考えて考え抜く姿勢を大切にしてください。

できるだけたくさんの人と会い、
自分の感性を研ぎすます

長い人生の中で、就職活動中ほど、たくさんの人に会えるチャンスはなかなかありません、できるだけたくさんの企業を訪れ、たくさんの人に会ってください。私も就職活動ではたくさんの企業を回り、たくさんの人に会いました。その中で、理屈を超えて、自分の感性に響く企業や人との出会いがきっとあります。会えるだけたくさんの人に会って、自分自身、感じることができたものは、決して間違いではありません。やるだけやって選んだ会社は自分にとっての正しい答えです。

---

1 メタリック調で重厚感のある先進的な社内受付。
2 ドア付近のサインにまで配慮が行き届く、洗練されたミーティングスペース。

株式会社エイジア

〒141-0031
東京都品川区西五反田7-20-9
KDX 西五反田ビル4階
TEL：03-6672-6788
http://www.azia.jp/ri/fresh/index

TOP INTERVIEW.04

渡部 洋介 氏
株式会社エス・ピー・ネットワーク 代表取締役社長

日本の社会、すべての企業の健全な発展のため

誰もが望む、安心安全な社会の実現のため欠かせないのが「危機管理＝リスクマネジメント」。当社は日本の企業危機管理のリーディングカンパニーです。

問題解決は、起きてからではなく、起きる前に

私の社会人としてのスタートは「刑事」です。大学卒業後、警視庁で16年間刑事として様々な事件、中には反社会的勢力が関わる問題にも正面から取り組み、人々の健全で安全な生活を守るため奮闘しました。しかし対応できるのはあくまで「事件」なので、そこにある被害を目の当たりにするにつけ、事件が起きる前、「事前に」「未然に」防ぐことはできないものかと感じるようになりました。最近、医療においても「未病」という概念が認識されるようになっていますが、未然に防ぐことへの関心の高まりでしょう。

さて事件や犯罪は、何故起きるかと言うと、そこに人がいるからです。人間関係、金銭問題など、事件や犯罪のきっかけはどこにでもあり、その芽をいち早く察知して回避すること「危機管理＝リスクマネジメント」で、企業に関わる様々な問題も「事前に」「未然に」防止したい、こう願って、16年間刑事として培った経験と知識を活かし、危機管理の専門会社を設立しました。日本ではまだ馴染みの薄い考え方でしたが、アメリカをはじめとする諸外国では広く浸透している概念で、日本で誰もやっていない事業、ということにも意欲を燃やしたのです。

「ミドルクライシス®マネジメント」実現に向けて

設立当時である20年程前、日本の「危機管理」意識は、例えばアメリカとの比較では約30年の遅れがあると言われていましたが、折しも、今後の社会や体制のあり方が、大きく変わることを予見させる問題が立て続けに起きました。阪神淡路大震災、地下鉄サリン事件、山一証券破綻など、あらゆる局面のあらゆる種類の危機への備え、対策、姿勢を問われる事態になったのです。一方でインターネットが急速に普及し、企業は事件・事故や不祥事などを「隠蔽できない時代」が到来しました。当社では、既に起きてしまった危機（クライシス）を早期に元の状態に戻す「クライシスマネジメント」と、危機を未然に防ぐ「リスクマネジメント」を両立させた「ミドルクライシス®マネジメント」という独自の「危機管理」を導き出し、コンサルティング（理論）と実際の現場での事態収拾（実践）両側面の支援で、社会や時代のニーズに合った取り組みを展開して参りました。

正しいことを正しくやり遂げる武器は「優しさ」

インターネットの普及等により、個人消費者が自由に意見を発信できる現代では、社会や企業は、公明正大で、正しいことを正しく行う理念や体質が求められるようになりました。組織として、モラル（倫理観）やコンプライアン

ス(法令や規範遵守)をどう徹底していくべきか。内部統制の整備と並行して、組織の実態を変えることは、決して容易なことではありません、恐怖や不安もつきものです。そういった一人一人のお客様の立場、課題を理解し、解決していくために、当社は「優しさこそ最大の武器」をポリシーに、お客様に寄り添い、健全な関係をつくることに努めてきました。「エスピーさんのアドバイスなら上司も納得するのです」という言葉もよく頂戴します。プロとしての知識、公平に、正しく客観視できる第三者として、ご評価頂いているものと感じております。常に自己を研鑽し、理論的、実践的な危機管理を通じて、社会・企業の安心・安全を企及する、これが当社の理念です。

更なる危機管理の敷衍と、多様な価値観への対応

お客様の言葉を借りるようですが、危機管理という仕事は、外部アウトソーシングが向いています。「会社の常識、社会の非常識」なる言葉通り、様々な角度から、俯瞰して、客観的に判断する作業は、信頼できる第三者が担うことが相応しいからです。当社は、危機管理専門会社として日本初、そして全国的に組織展開している唯一無二の会社です。リーディングカンパニーとしての使命で、多様な価値観に対応する危機管理を敷衍化して参ります。具体的には、ニーズが増加している行政、医療、教育業界などへの展開、また国際化の中で、需要の高まるインバウンド対策も急務です。2020年の東京オリンピック・パラリンピック開催に向けて、国際都市、観光都市東京として必要な対策を企業危機管理の立場から講じます。

当社は多様化する価値観を理解し、寄り添えるよう、女性、ハンディキャップを持つ方、外国人採用にも取り組んでおりますが、特に女性目線での価値観は、近年の危機管理に欠かせません。国も女性の活躍登用を推進していますが、当社でも女性の管理職登用やコンサルタント、リスクマネージャーとしての育成や活躍機会の拡大に力を入れています。当社の人材に対する考え方は長期育成で、長く働いてもらえる職場環境づくりを目指しています。入社後3ヶ月間の社会人、会社人としての基本的な研修後は、先輩社員のOJTを行いながら5〜6年かけて、危機管理のプロとして最前線で活躍できるよう、幅広い知識と経験を身につけてもらえる社員教育を行っております。

長く続く不幸はない、受け止めていれば必ず好転

「長く続く不幸はない」私の好きな言葉の一つです。少し消極的な表現かもしれませんが、困難に直面したときは、半分諦めながらでも良いので、その場から逃げず、ありのままの現実と事態を受け止めてください、必ず好転します。不幸の方から逃げて行くのだと思います。私も会社設立当初は、新しいビジネスだけに当然ながら厳しい経営局面も味わいました。皆さんも学生生活の中で、いつも順風満帆、平和なときばかりではなかったことでしょう。自分の弱さも含め、特性のありのままを踏まえ、後ろを振り返らず、歩んで欲しいと思います。

当社は、強い人しか就職できないのでしょ?と尋ねられることも多いのですが、強い人間なんていません。一つ一つ学び、経験を積み、成長していってもらえる環境を整えています。是非一緒に、安心安全な社会をつくっていきましょう。

1 熱帯魚の泳ぐ水槽が配置された、清潔感のある本社受付。

株式会社エス・ピー・ネットワーク

〒167-0043
東京都杉並区上荻1-2-1
インテグラルタワー
TEL:03-6891-5556
http://www.sp-network.co.jp/index.html

TOP INTERVIEW.05

大西 宏良 氏
株式会社カレントスペース 代表取締役

運用・メンテナンスの事業で「人様の役に立つ」を実現

「教育」「人」「請負」の3つのサービスを融合し、「CAD」「システム開発」「住宅設備」の事業を全国規模で展開しています。
人材が財産となる、安定した仕事です。

ヒューマンスキルと技術スキルを併せ持つ

当社の事業領域は、「CAD」「システム開発」「住宅設備」の運用・メンテナンスが中心です。「教育」「人」「請負」の3つのサービスを融合した事業モデルで、人材の育成、コンサルティング業務、アウトソーシングなど様々な展開をしています。

メーカーや開発会社が販売した商品は、売って終わりではなく運用並びにケアすることで初めて長く効率よくその商品が使えます。そのため使い方や技術を伝えたり、技術を持ったプロフェッショナルスタッフがメンテナンスを行ったりするといったアフターメンテナンスのあり方を追求することは、とても有意義なのです。

当社のような事業で必要なのは、技術だけではありません。ヒューマンスキルが非常に大切になってきます。お客様と直接会い、対話をすることが多いのがアフターメンテナンスの現場。こうした場面では人間性が大きくものを言いますから、両方のスキルを併せ持った人材を育て、大切にしていきたいと考えています。

人様に役立つことを心がけ息の長い安定した事業を展開

私は20代の会社員時代に転職市場の厳しさなどに遭遇し、前職でお世話になった共立メンテナンスで啓発を受け、「人様の役に立つ」事業を行いたいという気持ちが強くなりました。人材育成を行っているのは、そういう面がバックボーンになっています。

運用・アフターメンテナンスというのは、人様の役に立つことを実感できる仕事です。例えば、キッチン、トイレ、お風呂などが壊れて使えないお客様が、当社のスタッフがうかがうことで使えるようになるわけですから、本当に本当に感謝されます。私自身、人様の役に立つこの事業の社会性を感じております。また、ものを大事にするという日本人の古来の価値観にも合致しており、同時に人間性にも寄与できています。社会性、人間性に、自負だけでなく、天命を感じております。また、非常に安定した息の長い事業であることも実感しています。

現在、住宅設備が約100名、CADが約50名、システム開発が約50名という社員規模になっており、基本的に全員正社員として採用しています。この業種での規模は大きく、例えば住宅設備では、全国に80名以上の技術者がおり、北海道から九州まで営業所を抱えています。これだけの規模で現場正社員が働いているアフターメンテナンスの会社は、今の日本には多くないと思います。

お客様は、中小から大手までのメーカーはもちろん、住宅設備販売に新規参入している家電量販店やホームセンターなどのサービス業もターゲット。実際これらのお客様からは引きも切らず、多くの依頼があります。「全国での対応が可能」「お客様の会社の理念を当社の社員が共有できる」「人員に余裕がある」など、当社の魅力がいくつもあることが、特に積極的

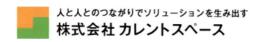

人と人とのつながりでソリューションを生み出す
株式会社 カレントスペース

な営業を行わなくてもご用命いただける理由だと思います。

社員増強、事業拡大、海外進出
大きく広がる可能性

当社は物を作ったり売ったりしているわけではないので、技術サービスを提供することで利益を上げています。そういう意味において、よく人材が財産と言いますが、当社では本当に人が全てなのです。そこが会社存続の生命線になります。今後も社員数を増加させていく所存で、具体的には、2018年までに住宅設備の部門で現在の100名から250名に増員する計画を立てています。そして日本一のアフターメンテナンス会社を目指しております。

今後の方向性としては、一人の人間の技術力をマルチ化し、技術者に応じた仕事を割り振るといった作業の効率化・適正化を図っていくことも考えています。そして会社組織ならではのメリットとして、技術情報の共有化を今以上に推進していこうとしています。工具の開発・販売なども視野に入れていきたいですね。そして、既に始めていますが、海外進出の計画も進めていきます。今はＣＡＤの部門でベトナムで事業を行っていますが、今後は住宅設備の部門でも展開するべく、研修生を受け入れ始めています。

もちろん、当社の事業モデルをもっと多くの領域に進出させていく自信もあります。今後、これまで以上に事業領域は増えていくでしょう。2～3年後には株式上場の予定もあり、現在社内整備を進めているところです。

技術力より人間性を重視
へこたれず、頑張れる人

先ほども申し上げたように、当社はヒューマンスキルと技術スキルの両方を大切に考えています。技術スキルの高い人にヒューマンスキルを教えるよりも、ヒューマンスキルのある人に技術を教えるほうが、結果的に早く身につくものです。そういう意味では、採用の際には人間性を重視することは言うまでもありません。

また、人を成長させるには失敗も必要。なるべく早く独り立ちをさせることが、その人の成長を促します。失敗をしてもへこたれず、がんばろうと思える人が来てくださったら嬉しいですね。

スマートさを求める人はあまり向かないかもしれません。しかし、しっかりとアフターメンテナンスの仕事と向き合うことができ、人と接することが好きという方は、適していると思います。お客様に感謝され、笑顔が見られることに喜びを感じる方であれば、さらにありがたいですね。

仕事もプライベートも充実させた
悔いのない人生を

社歴としてはまだまだ若い会社です。そういう意味では、企業にとっては「成長の遺伝子」が必要だと思っています。これから入社される方には、旺盛な好奇心で自分から動いていってほしいですね。

社員は20代から40代が中心で比較的若い人が多く、私はスタッフと「同士」という気持ちで接しています。営業所は全国4つのエリアに分かれていますが、年に2回は全社員が集まる機会を持ち、3カ月に1回ぐらいは部署ごとの研修などもあって、和気あいあいとした雰囲気です。研修制度や資格取得のためのサポートも充実させており、社員を育成していくことにも力を入れています。

私の実感では、当社の社員は結婚したり子どもを持ったりしている人の割合が高いように思います。人様の役に立ち、感謝される仕事を行うこと、安定した仕事をして、幸せな人生を送ること。こうしたことの大切さをぜひ考えてみてほしいですね。一度きりの人生ですから、悔いのないように人生の選択を行ってください。

---

[1] 本社所在地は渋谷駅に近く、西口の横を走る首都高速沿い。カレントスペースオフィス付近の景観。

株式会社カレントスペース

〒150-0002
東京都 渋谷区 2-22-7
渋谷新生ビル 8F
TEL：03-6450-6064
www.current-space.co.jp/recruit.html

TOP INTERVIEW.06

石塚 晴久 氏
株式会社共立メンテナンス 代表取締役会長

共に生きていく
無理をしないチャレンジ
心で感じること

社名の響きの堅さからはおよそイメージできない、新しくダイナミックな事業を展開する「共立メンテナンス」。「人と向き合うこと」をポリシーに、「本質」を提供します。

「本当に大事なこと」に気づいた

30代に入って、勤務先の上司が「イエスマン」で嫌気がさして、本当に大事なことはもっと他にある、自分でやろうと始めてみたのです。いまでは海外にも拠点を持ち、社員数は5000人を超える大きな会社になりましたが、その原点となっているのは「下宿屋」ポリシー。

人と向き合うこと。人のために何ができるか、を考えること。他人に迷惑をかけないこと。社会人はそれさえできれば十分だと思っています。そのためには、まず社員自身が楽しく、健康的な生活をしていないとね。

自分に余裕がなければ、他人を大事にできません。そのためにも社員の表情の変化は見逃しません。「人と向き合うこと」の実践です。「イエスマン」では、人の表情の変化に気づくことは難しい。楽しく健康的な生活を送っている人とそうでない人の差は一目瞭然ですよ。

美味しいものを食べていないと、やる気は出ないでしょう。だから社員寮の食事は、最優先業務なんだ！ と料理長に雷を落としたこともあります。私は寿司職人の経験もあるので、寮やホテルの食事は必ず自分で味見をします。私が大事にしている「人と向き合うこと」、「美味しい食事」は、「下宿屋」が兼ね備えているものです。

シンプルに考える無理をしないチャレンジ

企業の存在価値は、社会にとって必要かどうかです。必要なければ淘汰されるだけ。社会は変化していくものです。社会の変化に適応できない企業は生き残れません。それは、企業が継続的な成長を求められているからです。

共立メンテナンスの柱の事業の1つにホテル事業があります。抜群の顧客満足度を誇る「ドーミーイン」の代名詞となった大浴場、種類豊富なバイキング朝食、夜食の夜鳴きそばなど。今でこそ他のホテルでも提供されているサービスは「下宿屋」としての原点、本当に求められていることは何か、シンプルに考えた結果が、まったく新しいモデルスタイルに結びつきました。

夜鳴きそばは、私が飲んだ帰りに一杯食べたいなという発想から生まれたもので、サービス導入時は、一杯100円（現在は無料）で提供してしまっていました。反響が今ひとつという報告で、有料になっていたことを知り、無料で提供するものだ！ と一喝したこともあります。サービスは生もの。導入して終わりではありません。

お客さまが本当に求めていること、例えば「手足を伸ばして湯船に浸かりたい」「ちょっと食べてみたい」などの願望は、人の生活の本質です。この本質を、忠実に確実に叶えていくこと、「無理をしないチャレンジ」こそが、共立メンテナンスの理念です。「無理をしない」からこそ、持続可能で、継続的な成長も見込めます。

10年後の社会を見据えて
将来を創造し、担う企業を目指して

事業に関しては、等分のバランスで展開していますが、社会のニーズの変化をひしひしと感じるシニアライフ事業は、今後変わると予測しています。難しい事業ですけど。ただ事業とは最初は種まき段階。10年間は赤字も覚悟。時間をかけ、社会に認められ、必要とされる存在に育てていくわけです。10年後の社会と将来を見据えているのです。

一方、寮事業やホテル事業に大きく反映されている「下宿屋」のポリシーは、「おもてなし」としても表現される日本の文化そのもの。この日本文化を継承しながら、海外にも発信していく役目も果たして行きたいと考えています。

共立メンテナンスはこれからも、食・住を軸とした、いわば「共に立つ」「人々にとってのメンテナンス」を揺らぐことなく本質を見つめ、提供していきます。

他人のために何ができるかを
考えて欲しい

学生と社会人の決定的な違いは、学生は自分の成長＝自分のことだけを考えていれば良いのですが、社会人は人のために何ができるか＝他人に奉仕することを考えなければいけません。視野を、自分から他人へと拡げる―しかし、そんなに容易に意識を変えることは可能でしょうか。

意識は急には変えられませんが、社会人になった以上は、人のために何ができるかということを考えて欲しい。そのためには、何ごとも「自分の心で感じること」。その先にあるのが「感謝」の気持ちです。

学生時代は、めいっぱい自分に意識を向けて自分を成長させる、社会人になったら、意識づけを変えられる、そんな素直でしなやかな人間であって欲しいと私は思います。

お金だけではない価値
「たし算」で働く意義を見出す

これから日本を担う若い人たちに伝えたいのは、働く意義とは、お金だけではないということ。

お金は確かに重要ですが、ただお金だけを働く意義に置いていると、いつか自分の欲望との折り合いがつかなくなってしまう恐れがある。人間は欲張りなので。働くということは、例えば安定した企業体で働く安心感、社会的に認めてもらえている肯定感、もちろんやりたいことを実現したいというロマンを追求できる場でもあります。

精神的な満足感を「たし算」して、自分だけの働く意義を見出して欲しいと切に思います。

若者らしく、そのままで
たましい入れて、心で感じて

失敗を恐れず、若者らしく堂々と。そのままの自分を大事にして欲しいです。そして自分をどう表現するかを考えて欲しいです。自分を表現するために、まずは「心で感じる」。とにかく理屈じゃない、たましい入れて、感じとる。スポーツに打ち込むのも、音楽に打ち込むのも良いと思います、人とコミュニケーションを取る機会をたくさん持っておくことも勧めたいですね。

---

1 地方店舗にある、ドーミーインの露天風呂。

2 ドーミーインで提供される食事には、産地の名物などが並ぶ。

株式会社共立メンテナンス

〒101-8621
東京都千代田区外神田
2丁目18番8号
TEL：03-5295-7777
http://www.kyoritsugroup.co.jp/

TOP INTERVIEW.07

小野崎 伸彦 氏
株式会社シーネット 代表取締役 CEO

ナンバーワンの座を
維持するため
常に最先端の技術を

私たちの生活に欠かせない物流。
その物流業界を支える先端ソフトを開発しています。
開発の全行程に携われるので、
大きなやりがいを持つことができます。

物流を支えるシステムで
ナンバーワンの座に

　私たちが買う「もの」はメーカーで作られ、そこからお店や消費者まで運ばれてきます。それはどのように運ばれているか、考えたことはありますか？ ものが流れるということは在庫が移動するということですが、そこでは在庫管理やサプライチェーンマネジメントが行われています。そして、その在庫管理の主な部分を占めているのが倉庫管理（ウエアハウスマネジメント）です。実際にものを移動させることを管理するための仕組みが私たちのソリューションなのです。

　わかりやすく言えば、人々が「欲しいものを欲しいときに欲しい場所で欲しい分だけ買う」ためには、効率よく倉庫を管理するためのシステムが必要で、そのためのシステムを開発しているということです。

　基本的に「もの」がある限り、物流はなくなりませんし、在庫管理が必要になればなるほど、私たちの仕事は需要が増してきます。

　シーネットは、設立以来25年以上、物流システム業界でトップを維持し続けています。それは、最先端の技術を追求し、一歩先の行動を心がけているからにほかなりません。将来にわたってこの分野でのナンバーワンであり続けるために、常に技術革新、サービスの強化をしっかり進めたいと考えています。

　また、海外の企業の物流業務も日本品質のオペレーションとシステム運用で支えていきたいと考え、海外への進出も行っています。現在、中国の北京と上海、タイのバンコクにサポートセンターを設立しており、事業拡大も推し進めています。

アメリカで発想を得た
ウエアハウスマネジメントシステム

　私は大学卒業後、コンピューターの営業職として就職しました。約7年後に転職した会社では、情報システム部のマネージャーとしてアメリカに渡り、最終的には総責任者となりました。その後、社内ベンチャーで会社を設立して社長の経験もさせてもらい、そこからスピンアウトして起業したのです。1992年、シーネットを設立した年です。

　そのころ、日本ではまだ倉庫管理という概念がありませんでした。でも、アメリカにはブームが来ていましたから、いずれ日本でも必ず物流がテーマになる日が来るだろうと私は予想していました。当時はまだ競争相手もほとんどおらず、やるなら私がアメリカで見てきた「最先端の倉庫管理システムだ」というひらめきがあったのです。

　会社設立の場所は千葉県船橋市。社名のシーネット（C_Net）の「C」は、コンピューターやC言語、コミュニケーションの意味もありますが、実は千葉（CHIBA）の頭文字でもあるのです。設立時の社員に千葉県人が多かったことと、倉庫を持つ企業が多い千葉県に会社を構えるということで名付けました。千葉県のIT企業を元気にし、活性化させたいという願いも込められています。

社風は風通しがよく
働きやすい環境も整備

　見ていただければわかりますが、当社のオフィスはワンフロアに社長も役員も、すべての社員が一同に机を並べるスタイルです。隅

から隅まで一目瞭然の状態で仕事をしていますから、誰かが顔色が悪いとなると、すぐに気づいて「大丈夫か?」と聞き合えるような、風通しのよい環境なのです。

また、オフィスが1か所というのも当社の特徴。営業部員は同じオフィスの開発部員と顔を合わせて話をします。メールだけでは伝わらない感情のやりとりもできるので、直接話をすることを大事にしています。

オフィスの掃除を自分たちで行ったり、午後3時には全員で体操をしたりするのも、当社の日常の光景です。気取った雰囲気はなく、上司と部下や、横のつながりも非常に良く、血の通った関わり方をしていると思います。

私は社員に幸せになってもらいたいと考えているのです。仕事だけでなく、全般的に幸福感を持って人生を過ごしてもらいたい。そのために環境を整え、よりよい待遇を考えていくことが私どもの役割だと認識しています。特に女性にも活躍してもらいたいので、産休や育休を取りやすくし、その実績も増やしていっています。

システム初心者でもOK
チームで仕事をする醍醐味を味わって

当社では、単独で動くことはまずなく、チームで仕事をしています。助け合いながら仕事をするので、素直でコミュニケーション力がある人が来てくれると嬉しいですね。開発部の採用でも、システム開発の経験やスキルなどは問いません。入社後にしっかりと研修を行う機会もありますし、OJTで学ぶ体制もできています。初心者でも、一人前になるのに3年ぐらいかけるつもりで、着実に育てていきますから、安心してください。もちろん文系の方でも、コンピューターやシステムが好き、興味があるという方であれば大歓迎です。むしろ、「パソコンの勉強をするのは初めて」という方は、まっさらな状態で学ぶため、覚えるスピードが速いという傾向もあります。

ただ、向き不向きがあるのも事実です。例えば「開発部での採用だけど、どうしても仕事が合わない」ということなら、事務系や営業サポート、営業企画などの仕事もありますから、できるだけ長く勤めていただけるよう配属部署を提案することもあります。

トータルサポートシステムで
社会に貢献できる仕事を

当社の仕事のしかたは、「直販」。つまり、取引先の会社(お客様)と直で話し合いながら仕事を進めています。お客様と話をするところから始まり、システムを設計し、プログラミングし、納めた後のメンテナンスも行うトータルサポートシステムが、当社の方針なのです。システム開発の全行程に携わるので、苦労も多いですが、やりがいも大きい仕事のしかただと思います。

有名な企業を相手に仕事をしていると自信が生まれ、社員は成長します。また、当社の仕事が社会への貢献につながっていることも、社員のポリシーや自覚につながっています。

「もし当社のシステムがストップしたら、消費者の手元にものが届かなくなってしまう。我々は世の中になくてはならないシステムを開発している」という使命感を持って社員は働いています。

そんなやりがいを持ちながら社会貢献ができる仕事です。私たちと一緒に働いてみませんか?

---

1 システム本部採用担当鈴木さんと社内エントランス。
2 パーテーションなど区切りのない、開放感のある社内。

株式会社シーネット

〒273-0005
千葉県船橋市本町4-41-19
本町セントラルビル 受付5F
TEL:047-422-1291
http://www.cross-docking.com/

TOP INTERVIEW.08

河野 貴輝 氏
株式会社ティーケーピー 代表取締役社長

眠っている空間を生きた空間に変える発想で急成長

貸会議室事業からスタートして
新しいマーケットの創出に成功し、
派生事業の拡充を進める「スーパーベンチャー」。
その勢いは、とどまるところを知りません。

0から1を創り出す空間再生流通企業はワクワクするビジネス

10数年前、六本木を歩いていると空きビルや空き室のあるビルが目につき、私は「もったいないな。これを有効に使えないかな」と考えました。これがきっかけで、当社は始まったのです。

取り壊しの決まったビルの部屋を借り上げて、仮事務所やレンタルオフィス、貸会議室などへの有効利用に挑戦し、それが徐々に大きく広がっていきました。眠っている空間を生きた空間にしていく「貸会議室業」という事業を作り流通させていくことで、現在はさらに事業の広がりが出てきています。

これまで当社が成長してきたのは、当時の日本には貸会議室を専業として大きくしていくという発想が他になく、貸会議室のパイオニアとなれたことが大きかったと思います。

空間を再生し、快適な「場」「空間」「時間」を創り出すのが空間再生流通事業です。使っていない「ゼロ」の空間を再生して流通させることは、「人がいなかった場所に人が来る」「使っていなかった場所がビジネスになる」ということでもあり、非常にワクワクします。そんな情熱を傾けられるビジネスに育っていることが嬉しいですね。

マーケットギャップに気づき起業の夢を育てた少年時代

「社会の問題の解決を、事業上の機会に転換することによって、社会の要請に応え同時に利益にすることが企業の機能である」というドラッカーの言葉がありますが、今あるものをもっと良いものに変えることができれば、それが社会の問題を解決することにつながります。私はそれを「マジック」のようなものだと思って

います。使っていないものがあれば、良いところを見つけて再デビューさせ、もう一度使うという"マジック"に注目したのです。

私は、もともと自分で事業をしたいという希望がありました。それは幼少期の経験も関係もあるでしょう。祖父が事業をしていたので、「仕入れてものを売る。その差額が利益である」ということは自然にわかっていました。4〜5歳のときに果物屋さんが裏でスイカを作っているのを見て、スイカを大きく育てれば高く売れることに気づき、ビジネスっておもしろいなと思ったことを覚えています。

小学4年生のときには、学校で疑似通貨を使ってビジネスをするという授業があり、売り上げ1位になりました。私は、毎朝早く起きて虫取りに出かけ、クワガタを300匹「仕入れ」、それをくじ引きなどで売るという"ビジネス"をしたのです。クワガタをほしがる子どもは多く、売れに売れました。ただ、売るのに忙しく、自分は疑似通貨を使って買いものをする時間が足りなくなり、結局たくさんの通貨が紙切れになったという経験もしました。

他にも切手収集が流行ったときには、友達と交渉しながら切手の交換を繰り返してわらしべ長者のようになったり、ガムが出てくる機

械を作って、家族に1枚10円のガムを100円で売ったりしていました。

子どものころから需要と供給のマーケットギャップに気づいていたところから、貸会議室という発想が生まれたのかもしれません。

お客様のニーズに合わせて
サービスの拡大を

貸会議室からスタートし、徐々に大型の貸ホールやホテルの宴会場など、より大きなものも手がけるようになり、創業以来10年間で貸会議室やホテル宴会場は、日本全国および海外6都市で1700室、12万席を超える規模になりました。現在は、ホテルやレストラン、リゾート研修施設などの運営などの事業も行い、規模はさらに広がりを見せています。

今後は、そこからさらに設備・サービスの拡充を図るとともに、派生するニーズへの対応に力を注いでいこうとしています。会議や研修を行うために必要なもの、つまり食べ物や飲み物の提供、宿泊施設やリゾート施設など、お客様にとっての価値ある付加価値。それらに応えていく中で、箱としての会議室だけではなく、総合サービスが実現されていくのです。

グローバルな事業を行うお客様にもサービスを提供できるように、海外への展開も進めており、既に上海、香港、ニューヨーク、シンガポール、ミャンマー、台湾に拠点を築いています。

向上心を持って仕事に取り組む
意欲のある人を求む

当社の社風は若者中心で自由。そして実力主義で評価されるので、下剋上でもあります。組織は変化しますが、変化はチャンスとも言えます。向上心があって、自分で会社を引っ張っていきたいという意欲あふれる方に入社していただければ、活躍できる場がたくさん用意されています。

さらに、当事者意識、問題意識をもって自ら判断を下してスピード重視で動く、相手の立場に立ったサービスを提供するといった方々が大いに力を発揮できる場があります。もちろん、このような「実」のある人間に育つ環境が、当社にはあります。

時間は有限。情熱をもって
取り組める仕事で濃い時間を過ごして

仕事をやらされる感覚で行うのは、時間がもったいないと思いませんか。時間は有限です。無駄にしてほしくありません。同じ時間を使うなら、情熱を持って取り組める仕事をしてより濃い時間を過ごすことをお勧めします。

会社を選ぶときには、いい経験ができる環境があるところを選ぶといいでしょう。成長している会社に身を置けば、自分もおのずと成長せざるを得なくなります。小さなことでもトップとして任せてもらう経験をすると、やりがいも生まれます。

当社では、意思決定できる立場に立つチャンスが比較的早く与えられます。10年間の実績によって財務力や信用力のある企業に成長した当社は、今後もベンチャー精神を大切にしながら空間再生流通事業を展開していき、社会に貢献する「スーパーベンチャー」をめざします。社員一人一人が自らの望む仕事を思い切り楽しめる環境で、大いに仕事に打ち込み、自分の可能性を広げてみませんか。このような環境で、ぜひ思い切り仕事に打ち込み、自分の可能性を広げてみませんか。

---

1 日本全国および海外5都市に会議室運営拠点があり、複数会場でのイベント同時開催や、TV会議システムを使っての中継など、ご予算・規模に応じてさまざまな会議・イベントを開催。

2 皇居外堀沿いに建つ、ティーケーピー本社ビル景観。

株式会社ティーケーピー

〒162-0844
東京都新宿区市谷八幡町8
TKP市ヶ谷ビル2F
TEL:03-5227-7321(代表)
http://recruit.tkp.jp/

TOP INTERVIEW.09

石川 典男 氏
株式会社成田デンタル 代表取締役社長

安心と笑顔をお届けする歯科医療の専門商社として

健康の源である「歯」を通して、笑顔を増やし続け、歯科業界の進歩・発展で社会に貢献する。
弊社はそんな大きなやりがいを持つことができる、「笑顔創造企業」です。

「自分より相手」と考え行動し続け、34年連続増収

会社設立以来34年連続で売上が増加しています。それは、患者様に安心・安全・健康にお過ごしいただくため、知識力・営業力・提案力を兼ね備えた「アソシエイト」が、あらゆるご相談にお応えし、時代のニーズに合わせた適切な提案を行い続けるなど、当社の理念「相手の立場に立って物事を考え行動する」ことを軸に「どうしたら患者様を笑顔にすることができるか」と、常に考え行動しているからにほかなりません。

患者様の笑顔の数が売上増加へと繋がり、直結していくため、売上が増えるのは笑顔が増えている証です。幸せや笑顔を増やし続ける、とてもやり甲斐のある仕事です。

世界一の技術で飛び立つ世界の成田へ

社名のロゴマークには34年前の会社設立時に、成田デンタルの頭文字である「N」を七つ重ねた大きな「N」で、日本から七大陸へ飛び立つ「世界のナリタ」になる、という強い思いが込められています。

日本の歯科技工の技術は世界一と言っても過言ではありません。その技術を世界に発信し、日本の歯科技工を根付かせ、海外の歯科技工技術の底上げを行うことで、日本の歯科技工業界も活性化し、世界規模の歯科業界全体の進歩・発展による社会貢献を推し進めています。

成田デンタルの根幹にある「大家族主義」

私達は、今まで思いやりや優しさ、時には真の厳しさを持って苦楽を共に分かち合う「家族」としての信頼関係を築く事を大切にしてきました。会社の「父」である私と「子」である社員達で助け合い、「家＝会社」を守り繁栄させていく為に全員が大切な役割を持っています。つまり、成田デンタルの経営は、家族のような関係を大切にする経営でもあるのです。ちなみに、私は親の責任として、何があっても安心して働ける環境を作るため、「2年間売上がゼロでも給料を払い続けられる会社を作る」ことを当面の目標としています。この社長も含め社員同士の「絆」は、何処にも負けない当社の魅力の1つです。

人生・仕事の結果 ＝ 考え方 × 熱意 × 能力（稲盛和夫）

私は、盛和塾という経営塾で「人生・仕事の結果＝考え方×熱意×能力」と学びました。

能力は「ゼロ」の人はいないが、熱意は「ゼロ」の人もいる。考え方にあっては「マイナス」の人もいる。であれば、元気でやる気のあるチャレンジ精神の強い人、笑顔が素敵な人、優しい思いやりのある人を探し、教育し、ベクトルのあった仲間を増やしていこうと、新卒採用に力を入れていきました。ですから、学校や成績を見ず人物重視で採用活動をしています。

その結果、明るく元気で笑顔が素敵な人、人の役に立つ仕事がしたい人、人から「ありがとう」と言われるとやる気が出る人達の集団が出来たのです。

入社3年で責任者に！
やる気のある人に責任のある仕事

弊社は中小企業ということもあり、まだまだ未完成な部分があるからこそ、これからも変化や成長が出来る会社です。入社3年目からは「新規事業開設責任者立候補制」（新規事業所を開設する際に会社の辞令ではなく、立候補者の中から選抜）にも参加出来ます。会社として挑戦し続けるため、チャレンジ精神の旺盛な社員には、ドンドン成長してもらいたいと思っています。これは、「やる気のある人に、責任のある仕事を任せたい」との思いからです。

医療系の仕事ならではの
研修制度も充実

新入社員の皆さんには、内定後、毎月1度の勉強会・懇親会へ参加していただき、3月末からは2週間かけて行う、マナー研修・オリエンテーション・商品知識を得るための勉強会、実際の営業体験など、充実した新人教育を経て、「人のために仕事ができる人」として、様々なことを学んでいただきます。

その後は各部署へ配属され、約1ヶ月間はOJTも兼ねて実際の仕事に取り組んでいただきます。また、弊社にはテクニカル部門として社員教育専門の部署もあり、学ぶ・相談する環境を整えていますので、安心して入社いただけます。

大手企業も注目している
これからの歯科業界

現在、歯科業界は劇的に変わろうとしています。勘や経験、センスに頼る職人さん（Drや技工士）の世界からIT技術の進歩により、コンピューター上で歯の設計をして、3Dプリンター等により歯を作る（デザイナーや技術者の）時代に変化してきています。さらに、歯の型を取ることも3Dスキャンでできるようになってきました。

これにより、患者さんの負担も減り、歯科医院や歯科技工士の職場環境も良くなり、より正確な歯が作れるようになっていて、データの受け渡しなのでワールドワイドな仕事に発展できる可能性も出てきました。また、このデジタル技術により、歯列矯正装置も透明の目立たないマウスピース型の正確な装置が出来るようになり、現在急成長中です。

その他にも、口腔内の菌をコントロールして歯周病や虫歯予防、全身疾患の予防（口腔内の菌が血中に入り全身疾患に影響をしている為）、歯髄細胞による再生医療（実用段階になってきた）等、今後多くの伸びる分野があるので、大手企業が注目する業界になってきたのです。そして、この業界に精通していること、歯科技工技術のノウハウ、技工物の量の確保が必要なため、全ての条件を揃えた、歯科医療の専門商社である当社へのオファーが増え続けています。大変面白い将来性のある業界になってきました。

「楽に」ではなく「楽しく」
仕事ができる会社を

就職活動中の学生さんに伝えたいことは、企業の大小ではなく、その企業がこれから伸びるのか、安定しているのかなど、自分の目で一つ一つしっかり企業を見て捉え、偏見を持たずにじっくり考えて欲しいということです。

私自身も大学生の頃、分厚い就職ガイドの中から、会社の中で影響力を示しやすい、従業員100人以下の会社だけに付箋を付けて、自分に合う会社を探して歯科医療業界に入り、今があります。

そうすることで見つけられる、自分にとってオンリーワンの会社の方が仕事は楽しいです。仕事は楽しまなければなりません。

「楽に」ではなく、「楽しく」仕事ができる会社を求めて、人の役に立つ仕事を一緒にしませんか？

---

1 幕張のオーシャンビューが見渡せる窓際に設けられた、眺望の良い作業台も社員のコミュニティーの一つ。

2 パーテーションなど区切りはなく、社員一人一人の顔が見やすい、開放感のある社内。

株式会社成田デンタル

〒261-7121
千葉県千葉市美浜区中瀬2-6
WBGビルマリブウエスト21F
TEL：043-213-8788
http://www.narita-d.co.jp/recruit/2017/

TOP INTERVIEW.10

田邉 均 氏
株式会社報宣印刷 代表取締役社長

失敗を恐れず成長へ
挑戦から生まれる
新しい価値を発見

お客様のニーズに応えるための
コミュニケーションツールを。
共に成長できる「挑戦する人」と
働く喜びを分かちあいたい。

チームワークを高め
価値とスキルを上げる

　私たち報宣印刷は、人から人へ想いを伝える印刷事業をはじめ、コミュニケーションツールとしての各種メディアを担っています。印刷物ができるまでには、「営業部門」「制作部門」「生産管理部門」「工場」において、コミュニケーションでつながったチームワークが必要です。

　人のつながり、人間力で、製品の出来栄えは左右されていきます。お客様の多様なニーズにお応えできるよう、私たちが常に心がけていることは、一人ひとりの価値とスキルを高め、同時に、チームワークの向上を大切にすること。お客様の要望に応える「良い製品」を作り上げてこそ、「お客様満足」を高めることが出来、その結果、信頼をいただける証となると私たちは考えます。

活躍の場が広がる
印刷ビジネスの可能性

　かつての印刷会社は、多数が紙媒体を中心としており、各社が得意分野とするものを分業していた時代もありました。現在、扱う媒体は多岐にわたり、出版・商業印刷・広告においても、紙からWEBへの移行、映像・電子化が進み、印刷業界は転換期を迎えています。

　私たちの会社では、自社工場に大型輪転機を数台有し、スピーディーに、精度の高い印刷対応を行うことが出来ます。現在、タイヘイグループとして報宣印刷は全国に、70社以上のグループ企業・パートナー企業と連携し、案件ごとに最適な業務サポートを提供しております。単に印刷案件を受注し、実施するだけに留まっていては、企業として、新たな成長を期待できません。印刷の枠を超えたビジネスを導入し、進化しています。

お客様の問題解決へ
ベストアンサーを

　単純に印刷だけでなく、お客様の抱える問題解決に向け、課題をヒアリングし、一緒に考え、提案する営業体制・制作体制を強化。販売促進では、必要に応じて調査分析から販売計画に関わるマーケティングを行い、様々なアプローチから企画デザインを提案しています。

　商品開発から関わり、ターゲットと商品特性を鑑みたネーミング提案や効果的な告知のツール提案、そして、デザイン・印刷・デジタル・各種店頭ツールやノベルティグッズ・イベント手配、販促展開ツールまで、私たちにはワンストップで提供できる強みがあります。時には、店頭視察を行い、ターゲットや地域の特性、通行する人の導線や目線の高さ等を含め、現状のツールに問題は無いか、アドバイスを行い、改良ツールを作成。また、店頭ツールとして注目されている手描きのPOPや黒板ボード作成の専門家による社員様向け教育・研修会の手配や実施など、販促に効果的なコンサルティングも行っております。

　ドローンを使った撮影では、迫力あるアングルでお客様の施設を紹介する動画を作成、新たな魅力を提案しています。

　このような印刷物が発生しない案件も、お客様のご要望に応えるべく生まれた、新しい試みの一つです。

働く人を中心に
生活者としての幸福を追求

　私は、働く人が仕事をしやすい環境にいるべ

HOSEN

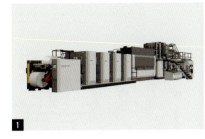

きと考えます。そのために、環境を整備することに力を注いでいます。仕事をしやすい環境を整えることで、社員一人ひとりの参画意欲を高め、「働く幸せを共有したい」と考えるからです。

それぞれの方が、働く喜びを感じ、仕事を通じて、社会貢献できる企業でありたいと願います。

「できる人」「やれる人」「やった人」が活躍できる

私たちの会社には、エンジニア、クリエーター、オペレーターなど、様々な専門分野で働くプロフェッショナルがいます。販促スキルを磨き、お客様に付加価値を提供できるビジネスを行う為にビジネスパーソンとしての「基礎能力」は必要です。

人材は、「人財」であります。学歴や性別を問わず、私たちが入社の選考時、最も重要視するのは「熱意」。「パッション」のある人です。特に、営業部門では、失敗を恐れずにチャレンジしてみたい、意欲のある人を歓迎します。新しいことに挑戦するのは勇気がいります。しかし、失敗を恐れるあまり、取り組もうとしない、受け身である人は、実にもったいないと思います。たとえ、失敗したって良い。それは成長できるきっかけで、将来の「のびしろ」となるのですから。

印刷の知識、業務について、真っさらでもいいと思います。そのために、研修の機会を用意しています。入社後に、先輩たちと共にやっていけるコミュニケーション能力と熱意があれば、「できる人」「やれる人」となり、結果、活躍する「やった人」に成長できるのではないでしょうか。

行動力や責任感を醸成できるよう、OJTを通じ、具体的な仕事を先輩と共に取り組む中で、任務に必要な知識・技術・技能・態度などを継続的に学びながら会得、業務処理能力を高めていけます。入社後の適正で、協調性や責任感、成長を見ながら配属を決定します。

配属後も固定ではありません。自分で希望し、認められれば、様々なセクションへの異動も柔軟に行われます。自らが活躍できるステージを、積極的に選択できる可能性が当社にはあります。

「人が好き」は才能 素直な気持ちを大切に

日々、変化する社会。私たちも慣習に囚われることなく、新しい発想を柔軟に取り入れていきたいと考えます。先人の知恵やノウハウを共有しながら、フレッシュな感性との融合で、業務を活性化して欲しいですね。助け合いながら仕事を進めていく時「人が好き」で、気持ちが素直な方は、先輩のアドバイスや、お客様の要望を真剣に受け止められると思います。

「聴く力」を持つ人は、仕事にも、大きな力を発揮できます。コミュニケーション能力がある方に、ぜひ入社していただきたいですね。

女性社員の活躍を応援しています

印刷業界では、男性中心と思われがちですが、報宣印刷では、部門を問わず女性を積極的に登用しています。現在、営業部門を中心に活躍していますが、その他の部門でも垣根なく、採用したいと考えます。採用にあたり、性別や年齢、学歴や専攻分野も関係なく、活躍の場を設けています。

今年度から、埼玉工場では、ベトナムより4名の研修生を迎えます。国籍を越えた採用、コミュニケーションとパッションで言葉の壁も乗り越えて交流し、共に働くことが出来たらと、楽しみにしています。

お客様の信頼を得られる良きパートナーでありたい

一人ひとりの価値が上がれば、結果として、お客様の満足度向上につながり、企業の価値となります。

お客様の良きパートナーとして、誠実に仕事を受け、高品質の製品やサービスを、チームワークで達成する。新しい価値の創造が、企業としての利益も、働く人のやりがいや意欲も生み出していきます。

「追い求める熱い心」からの、トータルコミュニケーション。それは、印刷業界への新しい可能性となります。

世界の変革、技術革新が、印刷業界にも意識改革をもたらしています。私たちもまた、グローバル化へ。新たなステージを目指し、課題を解決しながらお客様と「共生」できる企業でありたいと願います。

---

1 最新鋭のオフセット高速輪転機。
2 広大な敷地面積を誇る埼玉工場。

株式会社報宣印刷

〒171-0014
東京都豊島区池袋 2-63-7
TEL：03-3987-9111（代表）
http://www.hosen-p.co.jp

TOP INTERVIEW.11

矢澤 英一 氏
株式会社ヤザワコーポレーション 代表取締役

会社と従業員
それぞれの役割を
真摯に果たしていく

店舗や施設で使われている、
さまざまな種類の電気小物や照明器具。
社会を明るく照らし続けるために、
お客様の要望を叶える事業を次々と生み出しています。

「でんき」を軸に35年
一家業から成長を続ける

　電気小物をあつかう、小さな問屋。それがヤザワコーポレーションのはじまりでした。以来、「でんき」に関わるお客様のご要望を、一つひとつ形にし続けて35年。現在は、さまざまな商品の企画・販売を行う電器事業、商業施設の運営をお手伝いする施設事業、そしてインターネットを通じて商品を販売するネット事業、この3つを柱としています。

　私は創業社長である父からバトンを受け継ぎ、2006年に2代目の社長に就任しました。今でこそ300名以上の社員が働いてくれている当社ですが、創業当時は家業に近く、数名の若い従業員が自宅に集い、1つしかない6畳の部屋で、私たち家族と食事をともにしたりしていました。そして、幼かった私はその人たちにとてもお世話になり、彼らが働いてくれるおかげで日々の暮らしが成り立っていることに感謝するようになったのです。

　父の会社と、そこで働く人たち。彼らをそばで見ながら育つうちに、いつしか「自分はこの人たちに恩返しをするんだ」という気持ちが芽生えていました。なんとしても、ヤザワコーポレーションというこの会社を続けていかなければならない、と。

　だから私にとって何より大切なのは、「従業員の幸せ」なのです。もちろん、会社にとってはお客様も大事です。でも1番は、従業員。2番目がお客様で、その次が社会だと思っています。今でもその気持ちは変わりません。

　当社の使命は、働いてくれる人たちを幸せにすること。売上や利益の目標は、それを達成するための手段なのです。従業員の幸せを通して、社会へと貢献する——それが私たちが展開する事業の最大の目的です。

自分の給与は「お客様から」
要望と真摯に向き合っていく

　会社は永遠に存続させなくてはなりません。併せて、会社の発展が「従業員の幸せ」に繋がるものと信じております。一方、従業員に対しては「常にお客様第一」で行動するようお願いしています。お客様の信頼を得た上で「当社発展」「従業員の幸せ」へと繋がるような幸福循環企業を標榜しております。

　そもそもヤザワコーポレーションの事業は、どれもお客様のご要望や期待にお応えすることで成長を遂げてきたものばかりです。「電機」を軸に、お客様のお困りごとをうかがいながら、常に「自分たちにできることはないか」と考え続けてきました。

　例えば、さまざまな店舗や施設などのメンテナンスや工事を行うサービスは、電球や照明器具を販売する延長線上に生まれたものです。一つの商品を購入いただいたことをきっかけに、新しい店舗を出店される際、照明関係

の仕事を広くお任せいただく。施設全体の照明について、コスト面のマネジメントをさせていただく――。そうした一つひとつのご要望やご相談を実現することで、現在、私たちが提供しているサービスの原型が形づくられてきました。

そのため当社では、「従業員の給料はお客様からいただいているもの」と捉えています。給与明細を従業員一人ひとりに配布するときに、「ハイ、お客様からです！」と。だからどの従業員に聞いても、「自分の給料はお客様からいただいています」と言うはずです。会社としてそういう考え方をしているからこそ、お客様のお困りごとは、自分たちが真っ先に解決しなければならないのです。

ピンチをチャンスに変え
新たな事業を展開していく

お客様のおかげで、次々に事業の枝葉を広げるように成長してきた当社ですが、危機に直面した時期もありました。この10年の間で最も大きなターニングポイントになったのは、LED照明の登場です。

2011年当時、ヤザワコーポレーションの主力事業は施設・店舗向けの照明販売でした。しかし東日本大震災をきっかけとして一気にLEDへの切り替えが進み、メイン商材の消費スパンが大きく変わってしまったのです。ただ当然、私たちは「そのときお客様が何に困るか」について、数年前から予測していました。

一般家庭用のLED電球は手軽に変えられますが、店舗や施設の大掛かりな設備の場合、LEDを使うためには、器具自体の交換や電気工事が必要になります。そこで当社では、いち早く工事部隊を立ち上げ、LED専門の工事やアフターメンテナンスを提供できるようにしました。

このように、市場の変化もピンチと捉えずどんどんチャンスに変えていく。お客様から必要とされることと真摯に向き合うことで、これからも新たな事業を展開していきたいと考えています。「でんき」という軸は変えずに、より深く、より太く。

若手でも要職に抜擢
大切なのはやる気と素直さ

当社では、全事業部のメンバーが、仕切りなどが一切ないワンフロアで働いています。事業部やチームを超えてお客様の課題やお困りごとを共有し、それに対して全員で「何ができるか？」を考えていくためです。日々、社内では活発なコミュニケーションが生まれていますね。

社内には若いメンバーも多いですが、前のめりにさまざまなアイディアを出したり、積極的に「この仕事がやりたい！」と手を挙げたりするやる気のある従業員には、どんどん責任ある仕事を任せています。実際、20代後半で部長に抜擢された人もいます。

そうしたやる気と素直さを持ち、私たちの考え方に共感してくれる人に、ぜひヤザワコーポレーションの一員になってほしいですね。

---

1 社員一人一人の顔写真を、全社員が自主的に切り貼りして作られた、特大ロゴポスター。
2 広々としたワンフロアで、社員と同じデスクを使用している矢澤社長のデスクから眺めた、開放感のある社内風景。

株式会社ヤザワコーポレーション

〒110-0005
東京都台東区上野1-19-10
上野広小路会館 8F・9F（受付）
TEL：03-5812-0741
http://www.yazawa.co.jp/recruit/

TOP INTERVIEW.12

藤澤 卓 氏
株式会社横浜マリンシステム 代表取締役社長

強い気持ちがあれば
未経験からでも
自分の道を切り拓ける

必要とされるさまざまなシステムの、
開発・運用などを手がけています。
全くの素人から、IT会社の経営者へ。
その経験を活かして、若手育成の環境を整えています。

経験ゼロの素人から
何気なくIT業界へ

　エンジニアとしてのスキルや実績はもちろん、IT業界で働いた経験すら一度もない——現在でこそ、ITシステム事業を展開している横浜マリンシステムの代表を務める私ですが、はじめはこの業界との接点どころか、興味すらほとんどありませんでした。

　高校時代、バレーボールに明け暮れていた私は、ケガによってスポーツでの大学進学をあきらめざるを得なくなります。そして当時、たまたまハワイで仕事をしていた父親のもとで、2年半ほどフラフラとした時期を過ごすことになりました。

　そして無職のまま日本に帰宅し、何気なく手に取った求人誌を開くと——その1ページ目に載っていたのが、横浜にあるIT企業の求人だったのです。もし、そのときそこに載っていたのが飲食店だったら、私はおそらく迷わず飲食業界に入っていたでしょう。とにかくすべては、そんな偶然で、何気ない一歩からはじまりました。

「絶対に負けない」
強い気持ちで腕を磨き続ける

　時代は1990年代後半、ちょうどIT業界に追い風が吹いていた頃でした。運よく応募した会社に入社できたものの、同期といえば、大学の理工学部や電子工学部などを出た優秀なメンバーばかり。未経験の素人は私だけでした。でも負けず嫌いな私は「絶対負けるものか」と一念発起します。多くの失敗を繰り返しながらも、7～8年の歳月をかけて技術者としての腕を磨き続けたのです。

　その間に思いがけず私を助けてくれたのが、ハワイで遊んでいた頃に身につけた、英語でのコミュニケーション力でした。アメリカから新しい技術が入ってきたときに、いち早くその情報に触れることができたのです。幅広い人生の経験が、こうして糧になることもある——そう強く実感しましたね。

　やがてエンジニアとしての技術力を身につけた私は、会社を移ったり、個人事業主として仕事をしたり、さまざまな現場で働くようになりました。その時期に参加した、あるプロジェクトで出会ったのが、後に私を横浜マリンシステムの社長に抜擢してくれたHRSグループの古寺真浄会長だったのです。

一人の技術者から
会社の経営者への転身

　手に職をつけた技術者のキャリアとして、多くの人が選ぶ道はだいたい2通りあります。1つは、様々なプロジェクトを経験しながら、自分のスキルを積み重ねていくパターン。もう1

つは、独立してフリーランスになるか、自分自身で起業するパターンです。

私はどちらの立場も経験しましたが、結果的に"第三の道"をたどることになりました。古寺会長から、「うちのグループ会社の社長をやらないか？」と声をかけていただいたのです。正直、はじめは迷いました。経営者になれば、技術力だけの勝負ではなくなってきますから。

しかし、HRSグループには、横浜マリンシステム以外にも全国に数多くのグループ会社が存在し、それぞれが独立した組織としてITシステム事業を展開しています。私の他にも、同じ立場の社長がたくさんいたのです。その環境に後押しされて、私は会長からの誘いを受けることにしました。2013年のことです。かつて何気なく飛び込んだITの世界で、自ら経営者として一つの会社を率いることになったのです。

幅広い業界の案件を活かし
若手エンジニアの育成を

当社の主な事業内容は、さまざまなお客様のニーズを受けてシステムを構築し、その運用や保守も含めたサービスをご提供することです。お客様の業界も幅広く、不動産業や金融、物流、小売店など、さまざまなジャンルの仕事を手がけています。現在、在籍している社員はおよそ40名。20〜30代を中心に、経験豊富なエンジニアが活躍しています。

ただ、これからは未経験者の採用と育成にも力を入れていきたいと考えています。何せ、社長である私自身が、まったくの未経験からキャリアをスタートさせた技術者なのですから。「ITの仕事をしてみたい。でも、どこからスタートしていいかわからない」という気持ちを抱えた若手に、活躍できる場を提供していきたいですね。

そのためには、受託開発の受注をさらに増やしていかなければいけません。実際の仕事を通じてエンジニアを育成していくため、少しずつ環境を整えているところです。

失敗してもいい
最後まで投げ出さないこと

私がそうであったように、たとえ未経験であっても、やり続ければ思わぬ道が開けることもあります。「自分はこれができるんだ」という技術が一つでもあれば、自分にとっての自信にもつながりますからね。

だから私は、社員によく「逃げるな」と伝えています。それは決して「失敗するな」ということでも、「ムリして働け」ということでもありません。大事なのは、自分がやると決めた仕事を、途中で中途半端に投げ出さないこと。せっかく積み重ねたことを、途中で辞めてしまったらもったいないですよね。最終的にそれが失敗に終わっても、本人が投げ出さずに、最後まで一生懸命に取り組んだのならそれでいいのです。それが、会社として大事にしている理念でもありますね。

そうした強い気持ちをもてれば、あとは人の目を見てしっかりと挨拶ができれば大丈夫です。スキルは自分の努力次第で、あとからでも身につきますから。

1 横浜マリンシステムが、オフィスを構える港町横浜の景観。

株式会社横浜マリンシステム

〒220-0072
横浜市西区浅間町1-5-1
インテンション横浜 6階
TEL：045-624-9586
http://www.yms.yokohama/

TOP INTERVIEW.13

池邊 孟氏
ローレルバンクマシン株式会社 代表取締役社長

時代のニーズを
とらえた技術と
サービスを

通貨処理機の専門メーカーとして発展してきた同社。
創業以来のチャレンジ精神で、
全国に展開する拠点を駆使し、
新しい技術と価値を生み出しています。

現金流通のインフラを支え
社会に貢献する

現金を数え処理する「通貨処理機」を製造する機械メーカーとして、70年の歴史を持っています。通貨処理機を提供することは、金融というインフラを支えることであり、このような仕事で社会に貢献することに大きな意義を感じています。

1946年、戦後の復興を図る日本で、先代の社長が硬貨の計算機の製造・販売をしたところ大きく成長し、通貨処理機のトップメーカーとなりました。1957年には日本銀行の要請で紙幣計算機を開発。その後、キャッシュディスペンサー(オンラインの現金自動支払機)の紙幣支払いユニットの開発を行い、飛躍的に発展したのです。これはATMの前身となる機械で、紙幣を1枚ずつ出すことができる画期的なものでした。この特許を持っていたことで、大きく業績が伸びたのです。単に機械を製造・販売するだけではなく、常に新しいニーズを取り入れて開発し、販売した後もメンテナンスをする。これらを連携して行うことでお客様の満足度を高め、信頼を得てきました。

社是は「忠恕」。「真心をもって、相手のことを思いやる」という意味です。その精神を大切にしながら、役立つ製品の開発やサービスの提供を通し、お客様にとっての価値を作り出しています。

時代の要請に応えて
新しい技術を開発

現在も通貨処理機をメインに扱っていることに変わりはありませんが、新しい時代に対応した分野への挑戦も始まっています。IT技術を駆使したソフトを創出し、効率的で安全性を求めた鍵管理機などのセキュリティ用品なども手掛けています。

今後の方向性としてはさらに新しい技術を導入して、IoTやAIを取り入れたシステムの開発も進めていきます。すでに遠隔保守のサービスや次世代端末の開発など、未来への歩みは始まっています。

当社の強みは、なんといっても全国に90カ所以上の支店や営業所を持っており、地域密着型で仕事ができることです。機械メーカーは日本にたくさんありますが、全都道府県に拠点を持つ会社は多くはありません。きめ細かいサポートにつながることはもちろん、情報網が隅々にいきわたっていることでお客様のニーズが伝わりやすく、それが開発やサービスの向上に役立っているのです。

海外に目を向けると、現在世界86か国で当社の製品が活躍しています。今後、さらに積極的に海外での展開を進める計画です。

「ものの見方」を学んだ
大学時代

私は、大学では経済学を専攻しましたが、実はさらに2年間文学部に籍を置き、歴史哲学の勉強をしました。世間でも話題になっていますが、歴史は、昔と今では学校で習う内容に変

化が生じています。見方や立場によって、歴史は変わるということですね。そこから私は、ものの見方は固定されたものではなく、立場によって変化することを学びました。それは経営者となった今も、時代の変化に対応する姿勢に役立っていると思います。

また、経営者によって会社は良い方向にも悪い方向にも進んでいくので、そこは肝に銘じています。常に反省する心を忘れないことは、私の経営者としてのモットーとなっています。

機械メーカーとして、技術力を磨き伸ばすことも、私の経営方針のひとつ。今でも月に一度の開発生産本部の会議に出席し、現場の状況を把握してコメントを出しています。現場を大事に考える気持ちは、大学卒業後に7年間勤めた電機メーカーでの経験や、当社入社後、特に工場長として仕事をした経験が活かされています。工場長だった1990年には、「自主性・積極性の尊重」「協調性の尊重」「人間性の尊重」という三本の柱を打ち出し、品質の向上につなげました。その成果によって、当社の技術改革ができたと自負しています。

自律性、積極性、協調性を重視
チャレンジ精神を応援

当社では、若い人も、自身がやりたいと思う仕事ができる環境があります。上司に言われなくても、自分で調べて問題を解決したり、積極的に動いたりする意欲があれば、周りの人間が背中を押し、応援する社風です。そのため、自律的な方に入社してもらえると、その力が活かされると思います。また、常に前向きであることも大切です。そういう資質を持った方に来ていただければ嬉しいですね。

メーカーとして製品を作り、提供するには、チームで協力する必要があります。開発部門では、メカとエレキとソフトの3つの分野が一緒になって1つの製品を作り上げていくので、協力体制は非常に重要ですし、営業やメンテナンス部門との連携も欠かせません。自律性と積極性、そして協調性のある方たちに、当社で大いにチャレンジ精神を発揮してほしいと思います。

「縁の下の力持ち」として
ともに歩み次の時代へ

入社すると、いろいろな経験が積めることも当社の魅力です。開発部門であれば、デスクワークで開発するだけではなく、試作品の組み立てや、評価作業でさまざまな場面での試験などを行います。営業部門も、販売するだけではなく、現場に機械を導入するのに立ち会い、実際に機械を触る場面もあります。そういう意味では身につくスキルの幅が広い会社と言えるでしょう。多くの経験を通して自身の成長を実感できると思います。

当社の機械は、多くの金融機関や流通産業などで使われていますが、一般の方の目に触れることはほとんどありません。目立つことはあまりありませんし、CMも打っていないので知る人ぞ知る会社かもしれません。しかし、社会にとってなくてはならない製品を作り、提供してきましたし、今後も新しい時代に向き合って、社会に貢献する企業であり続けたいと努力しています。

70周年を迎えた当社は、次の100周年に向けて会社自体も前向きにチャレンジしていきます。ぜひ、私たちの仲間となって、社会の「縁の下の力持ち」の醍醐味を味わってみませんか！

1 ミーティングルームに飾られている、「真心をもって、相手のことを思いやる」という意味を持つ、社是「忠恕」の額縁。
2 パーテーションなど区切りがなく開放的で、老舗の落ち着きを感じる社内。

ローレルバンクマシン株式会社

〒105-8414
東京都港区虎ノ門1-1-2
TEL：03-3502-3311
https://www.lbm.co.jp/recruit/fresh.html

企業研究シリーズ　日本と世界が注目する

戦略成長企業
STRATEGY GROWTH COMPANY

—— COMPANY PLOFILE ——

COMPANY PLOFILE
.01

教育・福祉・医療・健康事業のIGLグループ

社会福祉法人IGL学園福祉会

[事業内容]

高齢者福祉施設の運営及び福祉・介護サービス、
認定こども園の運営、
その他関連事業

『環境は人をつくる。しかし、最大の環境は人である。』

IGLは、利用する人、生活する人、働く人が、気持ちよく、明るい希望を持って過ごせるまるで一本一本の花がそれぞれの個性を輝かせささえあう花束のような環境づくりをめざしています。最大の環境である人が、生きいきとして、隣人愛のこころを実践し、清潔感あふれるあたたかい環境がこれをつつみこむ、これがIGLの願う「もてなし」と考えています。

IGLでは、就業を希望される方々が、自らの価値と能力を最大限発揮できる環境を用意しています。

〒731-0154 広島市安佐南区上安6-31-1
0120-658-529
https://www.igl.or.jp/　https://www.igl.or.jp/kyujin-fukushi/

COMPANY PLOFILE
.02

株式会社アクロホールディングス

アクロホールディングスは、グループとして大きく成長しましたが、今もベンチャー精神で挑戦的に運営をしています。
「挑戦」、それはお客様のニーズを形にすること。
だから私たちは、「やる気がある人」「スピーディに行動できる人」「前向きで取り組める人」「相手の立場で考えられる人」であろうとしています。
そして今、求めるのは、その素質のある皆さんです。
私たちは、伸び代たっぷり、そうした仲間へのサポートを惜しみません。
可能性に焦点を当てた教育方針で、自立できる人材への成長を支援します。向上心があり、本気で成長したい、働きたいとお考えでしたら、とにかく来てください。あなたの未来が、アクログループの未来です。

[事業内容]

グループ企業及びIT企業への経営支援、
グループ企業への融資事業、インキュベーションオフィス事業
採用支援・人材育成、起業家支援・経営者育成
新規事業の創生、M&A仲介、バックオフィス支援

〒103-0023　東京都中央区日本橋本町 4-8-15 ネオカワイビル 6F
📞 03-4530-0001
🌐 https://www.acroholdings.com/　　🌐 https://www.acroholdings.com/recruit_site/

COMPANY PLOFILE
.03

AOS DATA

AOSデータ株式会社

1995年に設立されたAOSテクノロジーズ株式会社は、消えてしまったデータを後から復元するデータ復元ソフトの出荷を2000年に開始し、以後、17年間、システムメンテナンスソフトウェア市場でシェアNo.1（BCNランキングを元に自社調べ）維持してきました。2012年には、パソコンとスマホに蓄積されたデータをクラウドに預かるクラウドバックアップサービスAOSBOXの提供を開始し、現在は20万人の会員がおります。2015年4月にAI、ビックデータ分析、クラウドバックアップなどを行うデータテクノロジーの専門企業として、分社し、設立されたのがAOSデータ株式会社です。2017年には、AOSBOXは、人工知能を活用し、AOSBOXインテリジェントクラウドへと進化を遂げて参ります。

[事業内容]

データバックアップ事業 AOSBOX、
データ復旧事業、データ移行事業、データ消去事業、
ランサムウェア対策事業

〒150-0001 東京都港区虎ノ門5-13-1 虎ノ門40MT森ビル4F
03-6809-2578（代表）
http://www.aostech.co.jp/　http://www.aosdata.co.jp/

COMPANY PLOFILE
.04

アグリホールディングス株式会社

2014年7月創業。現在、生産法人でありエンジニアによる農業を推進する日本アグリファーム、農水省系ファンドの出資企業で米の市場開拓をするライスフロンティア、シンガポールおよびニューヨークで展開し世界一を目指すおにぎり屋SAMURICE（さむらいす）、シンガポールの日本食材の物流プラットフォームのLOGICO、日本酒業界をリノベートするミライシュハンなどを抱えるグループとなっています。

次の時代の日本の農業のあり方を形作ること、世界における日本食拡大のサポートに取り組んでいます。

[事業内容]

健康・食・農業に関する事業のコンサルティング、
農業のグローバル展開および展開支援、
スマート農業関連

〒107-0062 東京都港区南青山5-4-35-1005

🌐 http://agri-hd.com/   🌐 https://www.wantedly.com/projects/52558

COMPANY PLOFILE
.05

株式会社映学社

[事業内容]

教育映画の制作、
配給、販売

弊社は、社会性の強いテーマを社会教育映画とし、企画・制作・販売をしている会社です。制作した作品は文部科学省の審査を受け、その後全国の視聴覚ライブラリーが公費で購入し、その地域の教育機関に無料貸し出しして、生涯学習に活用される公共性の高い作品です。

作品の多くは、文部科学大臣賞や教育映像祭最優秀作品賞を受賞、海外でも、スペイン、ドイツ、インドネシア、アメリカなどの国際映画祭で金賞、最優秀作品賞などを受賞し、国内外で高い評価を受けています。

〒160-0022 東京都新宿区新宿5-7-8 らんざん5ビル ［提携会社］Rolf Office（ドイツ・ミュンヘン）81972Muenchen,Klingsorstr.3
Vitamin TV Co., Ltd.（韓国・ソウル）Samung B/D 7F, 885, Gyeongin-ro, Yeongdeungpo-gu, Seoul, Korea
03-3359-9729　http://www.eigakusya.co.jp/

COMPANY PLOFILE
.06

インフラテック株式会社

我々の生活を支える水道・ガス・電気・道路・公共施設などを総称してインフラ設備と言います。当社では1956年の設立以来、インフラ設備の各パーツの製造から施工までを幅広く手掛けてまいりました。「ゆとり・やすらぎ・あたたかさのある街づくり」を主とする事業を展開。他社に負けないオリジナルの商品や高い技術力で、皆様の生活の基盤を支えています。近年ではインフラ老朽化対策や耐震・免震機能の強化など、新たな課題も次々に出現しています。私たちはもちろん、次の世代の人たちが安心・安全に生活できるよう、さらなる技術力・開発力の強化を進め、社会に貢献していきたいと考えています。

[事業内容]

インフラパーツ（土木・建築用コンクリート二次製品、GRC製品）の製造販売、
建築・土木工事、ゴルフ場経営

〒890-0062　鹿児島市与次郎2-7-25　［営業所・出張所］鹿児島・南薩・大島・北薩・姶良・大隅・宮崎・日南・都城・延岡・大分・福岡・福岡南・熊本・東京・山梨・静岡・仙台・大阪・名古屋

099-252-9911　https://www.infratec.co.jp/　https://www.infratec.co.jp/recruit/

COMPANY PLOFILE
.07

株式会社 M・R・S

[事業内容]

飲食店の経営、レストランの経営指導・コンサルタント、
会社経営の帳簿の記帳及び決算に関する業務、
前項に付帯する会計業務の相談及び指導、
食品の販売、食器及び什器備品の販売、酒類の販売

"世界の本物の味とホスピタリティーをお届けすること"
当社は既成の概念に捉われないレストランベンチャー集団です。「おいしい」の数だけ世界とつながるをメッセージにお客様に食事を楽しんで頂きたいと考えています。
今までもこれからも当社を支える上で、常に心掛けている思いがあります。それは「現地の本物」であること。世界各国で認められる老舗ブランドのレストランそのままのメニューを、お客様に楽しんで頂くことです。なぜなら、私たちは料理を単なるレシピではなく「文化」であると考えているからです。現地で長く愛されている本物の美味しさには、その土地でとれる食材、気候風土、歴史、ライフスタイルなどが融合されています。その料理をお客様へご紹介することは、現地の人々に育まれた大切な文化を伝えることにつながる。それが「現地の本物」にこだわる理由です。

〒162-0066 東京都新宿区 市谷台町 6-3 市谷大東ビル 4F
03-5368-2450
http://www.restaurant-mrs.com/　http://www.restaurant-mrs.com/wp/recruit

COMPANY PLOFILE
.08

NDソフトウェア株式会社

NDソフトウェア株式会社

私たちは介護・福祉・医療施設向けパッケージソフトの開発・販売・保守を中心に事業展開しているトータルヘルスケアシステムカンパニーです。

介護福祉現場で日々煩雑な業務に追われている職員様の時間のゆとり、そして心のゆとりを、ICT（情報通信技術）を活用してつくることが当社の使命です。

いま、わが国は少子高齢化の進展、医療費を含む社会保障費の急激な上昇等の問題など大きな転換期を迎えておりますが、私たちは「人のやらない事を、人のやらない方法で」をモットーに、ユーザーニーズに最適なトータルソリューションをICTの力を活用してお応えしていきます。

[事 業 内 容]

福祉・医療関連オリジナルソフトウェアプロダクトの
企画・開発・販売および
ソフトウェア運用支援・ソフトウェア保守サービス、
自社開発の福祉業務支援ソフトウェア
「ほのぼの」シリーズの販売および運用サポート、
居宅介護支援事業、サービス提供事業所運営

〒992-0479　山形県南陽市和田3369　[営業所・開発拠点] 北海道・仙台・山形・埼玉・長野・東京都中央区・神奈川・富山・愛知、大阪府大阪市・神戸・岡山・高知・広島・福岡・沖縄　開発拠点 / ICT事業部（山形）
0238-47-3477（代表）　http://www.ndsoft.jp/　http://www.ndsoft.jp/recruit2018/

COMPANY PLOFILE
.09

株式会社アール・アンド・エー・シー

[事 業 内 容]

パッケージシステムの開発・販売、
ITソリューション事業・コンサルティング

当社は債権消込・入金回収業務に特化したパッケージシステム「Victory-ONE」を提供している会社です。会計業務のシステムは沢山ありますが、入金処理に特化した製品はあまり多くありません。すでに100社以上の導入実績があり、独自ノウハウを生かしたニッチトップ製品です。扱う製品に派手さはありませんが、お客様の課題解決には欠かせないもの。大手企業から直接受注を頂き、安定成長し続けています。大手企業が顧客のため、やりがいに溢れた環境です。安定性や働きやすさはありますが、一人ひとりに与える裁量は大きく、結果もシビアに求めています。自主性やチャレンジ精神を持った方にはやりがい十分の楽しい環境だと思いますよ。

〒101-0031　東京都千代田区東神田2-10-16 For Life Office 東神田 3・9F（受付）
📞 03-5835-3033（サポート窓口）
🌐 http://www.r-ac.co.jp/　🌐 http://www.r-ac.co.jp/company/recruit/guideline/

COMPANY PLOFILE .10

カゴヤ・ジャパン株式会社

「最高の技術と絶対的な安心で挑戦し続ける会社」
カゴヤ・ジャパンは顧客の創造をお手伝いすること、それに対して真摯に取り組むことを大切にしております。
劇的な進化を遂げるインターネットの中で遅れることなく、自社データセンターの運用を強みにクラウドサービス、サーバーのレンタルなど企業のインターネットインフラをサポートしてきました。
今、私たちはクラウドという新しい舞台でも結果を出し、さらにクラウドの先の世界を切り拓くべく、IoT、ビッグデータなどの最先端の技術を取り入れた上で、今までの顧客基盤と最高の技術、クリエイティブの力でお客さまに新しい価値を創造していきます。

[事 業 内 容]

インターネットデータセンターの運営事業、
レンタルサーバー事業、クラウドサービス事業
その他 インターネット関連サービス事業

〒604-8166 京都市中京区三条通烏丸西入御倉町85-1 KDX烏丸ビル 8F
075-252-9355(代表)
https://www.kagoya.jp/　https://www.kagoya.jp/corporate/recruit/graduate/

COMPANY PLOFILE
.11

カングロ株式会社

[事業内容]

企業のイノベーション、サステナビリティ、コアバリュー、
顧客・社員ロイヤルティ、
ハピネスの開発支援コンサルティング、ライフコーチング、
クラウド型MBOスキルマネジメントシステム開発

昨今の世界情勢を受け、私たちの日常は、対岸の火事とは、もはや言えない状況にあります。私たちは、未来の子供たちに希望を残すために、今、何ができるのかを真剣に考え、行動する時が来ました。自然をあるがままに受け入れ、人間の本来の役割を思い出し、未来へつなぐ時が来ました。

KANGLOは、法人企業という枠組みの中で、先人たちの気付いた技術や経験を基に、世界のあらゆる問題を希望有るものに反転させることを目的に設立されました。

私たちは、企業研修や組織風土改革などを通じ、社会や人々の過去300年の歴史から塗り上げられたモノ・カネ中心の生き方から、心の在り方や人と人との繋がり、自然との繋がりを大切にする生き方への意識の転換を図ります。一人でも1社でも多く「月曜日が待ち遠しい」と言えるような社会を創り上げることを目標にしています。

KANGLOは、経済活動、社会事業を通じて、志ある仲間たちと共に、比類なきイノベーションを興してまいります。あなたの参加を心待ちにしています。

〒179-0073　東京都練馬区田柄4-10-9-1-201
[渋谷LAB] 〒150-0042　東京都渋谷区宇田川町 6-20 パークアクシス渋谷神南 1205
03-6322-8243　http://kanglo.main.jp　http://www.kanglocorp.com

COMPANY PLOFILE
.12

クオリカ株式会社

クオリカは、品質を重視したものづくりを原点に、システムのコンサルティングから開発、導入、運用までトータルにサポートし、お客様の満足につながる高品質・高付加価値なサービスの提供を行っております。これは、これまで製造業、流通・サービス業の「現場」に密着して長年培ってきたノウハウと高度な技術力があるからこそ実現できる戦略。ビジネスのグローバル化が進む中、常に先端のアーキテクト力を吸収したシステム開発で挑戦し続け、お客様にとってかけがえのない、IT戦略パートナーとして更に飛躍していきます。

[事業内容]

製造業・流通サービス業を中心とした企業の情報システムに関するコンサルティング、企画、設計、アプリケーション開発、さらに最適なハードウェアの選定・調達、完成したシステムの運用・保守、まで一貫したサービスを提供しています。

〒160-0023　東京都新宿区西新宿8-17-1　住友不動産新宿グランドタワー23F
03-5937-0700（代表）
http://www.qualica.co.jp/　　http://www.qualica.co.jp/saiyo/saiyo_new/index.html

COMPANY PLOFILE
.13

株式会社くじらシステム開発

[事業内容]

企業内のコンピュータネットワーク環境の構築・運用支援・保守、
基幹業務(販売管理・在庫管理等)、システムの設計・開発・販売、
インターネットを利用したシステムの開発、
業務サーバー・インターネットサーバーの構築、
LAN/WANネットワークの構築・セキュリティ等の設定

くじらシステム開発は、「完全受託開発会社」です。
開発は基本的に社内で作業を行い、客先常駐(派遣)等は一切ありません。

システム開発の1から10まで。
お客様と直に対面しての打合せ、設計、開発、納品…と、システム開発の全てに携わることが出来るため、やりがいも達成感もひとしおです。

エンドユーザー向け業務システム開発を行っています。
オーダーメイドのソフト・アプリ開発を中心としています。
下請けなどは基本的にありませんので開発ツールは臨機応変に変わります。Web人事考課システム「モノドン」やWeb情報共有システム「ぷらろぐ」などの独自のパッケージソフト開発も行っています。

〒731-0154　福岡県福岡市博多区博多駅南 2-1-5 博多サンシティビル 7F
092-432-8555
https://www.kuzilla.co.jp/　https://www.kuzilla.co.jp/employment2.html

COMPANY PLOFILE
.14

鉱研工業株式会社

鉱研工業は建設工事に用いるボーリング機械と地盤改良機器のメーカーであり、関連工事施工も行っています。
機械製造では、ボーリングマシンのトップメーカーとして開発に力を注ぎ、技術の研鑽に努めております。
建設工事では、地質調査、自然災害防止、トンネル・ビルなどの基礎、公共・民間工事まで幅広く手掛けます。その他の分野は、海底資源の探査・回収、クリーンエネルギーや温泉・地下水の開発利用など様々です。
今年創立70年を迎える節目の年です。
技術者の年齢層が上がり、技術の継承が必要な時期です。ベテラン社員が独り立ちできるまであなたを見守ります。
設計・製造・施工・営業、4つのフィールドがあなたを待っています。

[事業内容]

各種ボーリング・グラウト機器製造、
温泉・地下水開発、
環境事業、エンジニアリング・工事施工、
コンサルティング、海外事業

〒171-8572　東京都豊島区高田2-17-22 目白中野ビル1F
03-6907-7517
http://www.koken-boring.co.jp/j/

COMPANY PLOFILE
.15

株式会社システムエグゼ

社員の成長なくして
EXEの成長なし

代表取締役社長
酒井 博文

[事 業 内 容]

受託開発、自社パッケージ製品開発、
アジア地域進出企業へのIT支援を主軸とする
総合IT企業。

システムエグゼは、独立系のSI企業として、そのフットワークを活かし、エンドユーザーとの直接取引、プライム案件の受注にこだわり続けてまいりました。業績と社員数を拡大しながら、創立以来19期連続で黒字経営を続けております。システムエグゼの礎になっているのは、社員の成長を第一に考える創業当初からの理念です。特に社員教育には力を入れており、充実した社員研修制度や人事評価制度など、新卒からリーダークラスの社員まで自身の描くキャリアに合わせた道を目指すことが可能です。エンジニアとして、ビジネスマンとして、自分自身の成長を実感し前向きにチャレンジしていきたい・・・そんな想いを持つ社員が多数在籍しております。

〒104-0028　東京都中央区八重洲2-7-2 八重洲三井ビルディング5階
📞 03-5299-5351
🌐 http://www.system-exe.co.jp/　🌐 http://www.system-exe.co.jp/recruit01/student/

COMPANY PLOFILE
.16

CEREBRIX

株式会社セレブリックス

セレブリックスの経営ビジョンは"NEOインフラ企業"です。インフラと言うと、電気・水道・ガス・公共交通機関のような生活基盤を指すものが一般的ですが、当社が定義する"NEOインフラ"とは、「事業活動を成功させるための収益基盤」と定義しています。企業が収益を上げるためには、営業・販売活動が必要となるため、営業・販売行為そのものがNEOインフラと言えます。

私共が目指したのは、セレブリックスの提唱するノウハウやサービスが、全ての営業・販売のスタンダード（あたりまえ）となり、お客様にとって必要不可欠な存在となることです。セレブリックスを"通る・利用する"ことが事業成功の近道である…そんな存在を目指して参りたいと考えています。

セレブリックスという会社にいながら、世の中を動かす最先端ビジネスから、誰もが知る有名サービスまで、様々なビジネスの事業推進に関わることができます。

[事 業 内 容]

営業コンサルティング事業、営業支援事業（BtoB）、
採用支援事業、販促支援事業（BtoC）、
スタッフィング事業

〒160-0023 東京都新宿区西新宿 3-2-4 新和ビル 4F
03-3342-3741
https://www.cerebrix.jp/   https://cerebrix-recruit.com/

COMPANY PLOFILE
.17

お客様の喜びを喜びに
ソリマチ
ソリマチ株式会社

[事業内容]

自社ブランドパッケージソフト(業務、農業用)の企画・開発・販売・
サービス提供、各種コンピュータシステムのシステム開発受託、
データ入力受託、受託計算、Webサイト制作、
運用・保守業務、その他各種ソフトウェアの調査・研究・開発等、
サポートデスク、コールセンター

当社は創業45年目を迎え、無借金経営を続けている安定企業です。事業内容は、中小企業向けの業務ソフトパッケージの開発・販売及び農業事業者向け簿記ソフトを中心に開発・販売を行っています。

中小企業向け会計王シリーズは、【4年連続お客様満足No,1】を取得しお客様からの信頼が高く、農業簿記ソフトについては、シェアNo,1と非常に多くのお客様にご利用いただいています。また、現在は【Fintech】(Finance=金融×Technology=技術)に関連する分野に挑戦しており、近い将来において【会計の常識が変わる】そんな取り組みを行っています。

ソリマチは「会計でみんなを幸せにする」を理念とし会計を通して、農業事業者、中小企業経営者に喜んで頂けるITサービス企業を目指しています。

〒141-0022　東京都品川区東五反田3-18-6 ソリマチ第8ビル
[拠点] 札幌・盛岡・さいたま・東京・名古屋・大阪・広島・福岡・熊本
03-5475-5301　http://www.sorimachi.co.jp/　http://www.sorimachi.co.jp/co_info/recruit.asp

COMPANY PLOFILE
.18

TPJ

株式会社テクノプロジェクト

株式会社テクノプロジェクトは、1984年の創業以来、着実に業容を拡大し、従業員数203名、売上37.4億円と、山陰地区で最大規模のシステムインテグレーターへと成長してきました。お客様の業務を理解し、業務の課題を発見し、その課題解決に取り組む分野は、自治体、医療、介護、製造、金融、流通、文教など多岐にわたります。また、島根で開発したソフトウエアは日本全国、さらに近年では、ベトナムをはじめとしたASEANへも展開しています。

〈 2018新卒採用募集職種 〉
システムエンジニア　10名
事業スタッフ　2名（総務・人事、財務・経理、購買、法務・知的財産、広報）

[事業内容]

ソフトウェアの受託開発、情報システムの構築および保守、
自社ブランドソフトウェアの販売、
クラウドサービスの提供、その他各種ITサービスの提供

〒690-0826 島根県松江市学園南2-10-14 タイムプラザビル
0852-32-1140
http://www.tpj.co.jp/　　http://www.tpj.co.jp/corp/recruit/recruitment/new-worker.html

COMPANY PLOFILE
.19

坪井工業株式会社

当社は、日本の商業の中心地である銀座に本社を構える総合建設業の会社です。創業以来、モノづくりに真剣に取り組み、高度成長時代は工場や倉庫、平成に入ってからは商業ビルやデザイナーズマンション、近年では介護老人施設や病院、太陽光発電施設といった絶えず時代に求められている建物の建設に携わっています。他にも学校や保育園、道路や橋梁などの公共工事を通じて社会貢献にも積極的な企業です。また、日本の経済活動の大動脈である鉄道工事についても創業以来力を注いでおり、日本経済の一旦を担っていると自負しております。

[事業内容]

建築事業、土木事業、環境事業、不動産事業

〒104-0061　東京都中央区銀座2-9-17　[支店・営業所] 川崎・藤沢・名古屋・千葉・横浜・仙台・南相馬
☎ 03-3563-1301
http://www.tuboi.co.jp/　http://www.tuboi.co.jp/recruit/

COMPANY PLOFILE
.20

株式会社電算システム

当社は2017年3月に創立50周年目を迎えました。まだ、日本のほとんどの企業にコンピュータが無かったころから、ITとサービスを結び付け便利な未来を目指すことに果敢に挑戦してきました。現在は情報サービス事業と収納代行サービス事業の2本柱の事業展開をしています。収納代行サービス事業では、コンビニエンスでの決済サービスを民間企業初で展開したパイオニアでもあり、第3の柱となるクラウドサービス事業では、Google関連の事業が中心となっています。

"まずはやってみる"。この気持ちを社員の一人一人が大事にしています。半世紀にわたり実行した「チャレンジ、イノベーション、スピード」の精神を持ち、ITで身近で便利な未来を共に作っていく社員を求めています。

[事 業 内 容]

情報サービス事業
（SI・ソフト開発、情報処理サービス、商品販売）、
収納代行サービス事業
（決済サービス、国内外送金サービス）

〒501-6196 岐阜県岐阜市日置江1-58　［東京本社］〒104-0032 東京都中央区八丁堀2-20-8 八丁堀綜通ビル
☎ 058-279-3456　☎ 03-3206-1771
http://www.densan-s.co.jp/　http://www.densan-s.co.jp/recruit/special/index.html

COMPANY PLOFILE
.21

株式会社ニックス

「IT×コンサルティング」で、お客様を笑顔にするベストソリューションを提供する―それが、当社の使命です。使命を果たす鍵は「コンサルティング力」。顧客企業の事業を理解し、課題を共有して解決策を見出す力を持つ人財を育てることに力を注いできました。その成果の一つとして、社員の3割以上がITと企業経営のスキルを証明する資格「ITコーディネータ」を所有しています。ITの利用が浸透している今、「どう使えばベストか」を提案できる企業こそが市場に選ばれ、成長できると言えます。充実した仕事、腰を据えて人財を育てる体制、風通しのいい社風が、成長を後押しします。

[事 業 内 容]

SaaS型業務管理（グループウェア）、
クラウドサービス関連、
LotusNotes/Domino製品・サービス、その他

〒150-0013　東京都渋谷区恵比寿1-19-23 東邦ビル2F
03-5793-8233
http://www.nics.co.jp/　http://www.nics.co.jp/info/employ.html

COMPANY PLOFILE
.22

株式会社パスポート

経営の目的は人を幸せにすること、人が幸せになることだという思いから、当社は「敬天愛人」と「良知経営の実現」を掲げています。「敬天愛人」は「天を敬い人を愛す」、さらには「この社会は普遍の法則で運営されている」という意味です。このような普遍的な価値観の実現が私たちの使命だと考え、「良知経営の実現」を掲げました。人として正しいことを愛と誠と調和をもって行うことで、人生も経営も永続的発展をすることができると考えています。具体的には、「全従業員の物心両面の幸せを実現すること」や「あらゆる人の幸せを実現する」ために社会課題解決業と自らを位置づけています。世界的な人口急増による食糧難や地球温暖化の課題があり、当社も微力ながら貢献したいとの思いから、食品スーパーと環境エネルギーの事業を展開しています。

私たちは、世の中が求めるなら果敢にチャレンジしていきます。若い社員が自ら感じた課題を事業として提案してくれることに大きな期待をしています。この思いに共感し、大きな志に向かって高い目標にチャレンジしていける人とともに高い志を実現していきたいと思います。

[事業内容]

酒類・食料品類の輸入・卸・小売・通信販売、
「酒＆業務スーパー PASSPORT」の店舗展開、
お酒の専門店「PASSPORT」「ノムリエ」の店舗展開及びネット販売、
酒類・食料品類のデリバリー事業、
バナジウム天然水「カリメラの水」宅配事業、
太陽光発電システムの販売・設置

〒216-0011　神奈川県川崎市 宮前区犬蔵1-23-13
044-975-4800(代)
http://www.passport-net.co.jp/　　http://www.passport-net.co.jp/recruit/

COMPANY PLOFILE
.23

株式会社ニッポンダイナミックシステムズ

株式会社ニッポンダイナミックシステムズ

[事業内容]

ソフトウェア開発、自社パッケージソフト開発販売、
クラウドサービス事業、
要求開発コンサルティング

創業48年目の当社は、独立系IT企業として様々な分野のシステム開発を手掛けています。航空・放送・流通など社会基盤を支える大規模システムから、民間企業の業務効率を図るシステム開発。さらには自社ソリューションやデジタルサイネージ向けコンテンツ配信まで、幅広い分野で当社の技術が利用されています。

時代の流れや技術の進歩に敏感で、高い技術力と信頼される仕事をし続ける。これが当社の強みであり実績です。50周年に向け、社員全員が高い目標をもって邁進しています。自らの発信力とチャレンジ精神、豊かな発想力としっかり考える思考力に期待し、さらに進化するために一緒に歩む仲間を迎えたいと考えています。

〒154-0015　東京都世田谷区桜新町 2-22-3 NDSビル
03-3439-2001
http://www.nds-tyo.co.jp/　　http://www.nds-tyo.co.jp/recruit

COMPANY PLOFILE
.24

SOLUTION SUPPLIER
PALTEK

株式会社 PALTEK

私達PALTEKは、世界の技術をリードする技術商社です。新たなものづくりにチャレンジする企業を、世界中のあらゆる先端技術や先端科学を使ってバックアップします。我々が提供するソリューションは、あらゆるマーケットの最新の製品に組み込まれ、世界中の人々に利用されています。日々一人一人の社員が、自由な発想で新しいビジネスを創造し、自由な環境と経験豊富な実績を活かし、新しい未来をつくる土台づくりをしています。

我々IT及びIoT業界における技術の進歩は、まさに日進月歩です。その中における我々のコアコンピタンスは、世界に先駆けた最先端製品の開発と提供を可能にすることです。我々は、自動車やTV、携帯などから医療機器、産業機器などのあらゆる分野に対して、新しいソリューションを提供し続けています。多くの経験と、高い技術力を最大限に活用し、世界中の顧客へ、新しいイノベーションを提案し提供し続けることが我々の使命であり、グローバル企業として戦う我々の強みであると言えます。

[事業内容]

半導体および関連製品販売事業、デザインサービス事業、スマートエネルギー事業

〒222-0033　横浜市港北区 新横浜2-3-12 新横浜スクエアビル6F [受付]・11F
[拠点] 大阪・東京都町田市・愛知・福岡・シンガポール
045-477-2000(代表)　http://www.paltek.co.jp/　http://www.paltek.co.jp/corporate/employ/rookies/index.html

COMPANY PLOFILE
.25

株式会社ブレインワークス

[事業内容]

経営サポート事業、アジアビジネスサポート事業、
リスクマネジメントサポート事業、
ブランディングサポート事業

私たちは、自らが実践者として築き上げてきたノウハウと経験をベースに、「ペースメーキング」という新しい企業支援のかたちを提唱しています。それは、私たち自身が誰よりも鍛えられたランナーとして、ビジネスというフィールドで、先頭を切って走り続けることができるということを証明しています。自らが実践者として、果敢に経営改革にチャレンジし続ける企業だからこそ、中小企業のペースメーカー（伴走者）として、自立型企業への変革までをご支援できるのです。共に走り共に考えながら、常に一歩先の道筋をご提案していく。設定したマイルストーンをひとつずつ達成する。その積み重ねこそが、個々の社員の能力を最大限に引き出し、組織全体を「考える集団」へと変えていく最善策であると考えます。21世紀を勝ち抜く力をつけるために、スキルアップの手法やマネジメントを確実にフォローしていきます。

〒141-0031 東京都品川区西五反田6-2-7 ウエストサイド五反田ビル3F
03-5759-5066
http://www.bwg.co.jp/　http://www.bwg.co.jp/bwgrecruit/index.html

COMPANY PLOFILE
.26

株式会社フォローウインド

フォローウインド システム事業部では、一緒に会社を盛り上げてくれるスタッフを募集しております。常に一つ先のステージを見据えて、一緒に会社を成長させて行けるような人と巡り会いたいと考えております。商品はパソコンやサーバーでもホームページでもありません。働いてくれるスタッフ一人一人の個性が商品だと考えております。
様々な分野で自己のスキルを発揮し、自分だけのカラーを表現し、スタッフそれぞれの能力が自然とシナジー効果を生む。会社・スタッフ全体が一体となって、初めてお客様へ特色のあるサービスを提供できると考えております。
フォローウインドで一緒に働いてみませんか？ あなたのパーソナリティやポテンシャルを最大限活かせる職場をご提供いたします。

[事業内容]

システムコンサルティング、WEBサイト制作、
システム保守サービス

〒105-0004　東京都港区新橋5-14-4　新倉ビル8F
03-5733-1831
https://www.f-wind.co.jp/　　https://www.f-wind.co.jp/aboutus/recruit.html

COMPANY PLOFILE
.27

株式会社 More-Selections

株式会社モアセレクションズ

弊社は、司法試験経験者の就職支援、企業法務の採用支援、情報サイト運営、ビジネススクール運営を行っている企業です。

【創業経緯】代表の上原がベンチャー企業の立上げに加わった際、社内で活躍している司法試験経験者の姿を見て、優秀な司法試験経験者が、新卒で就活を出来ないため社会に出にくくなっている事に気づき、立上げた企業です。

【創業後の事業】司法試験経験者の人材紹介を行う中で、企業法務の採用支援だけではなく、情報提供や学びの支援も併せて行う事で、より企業から必要とされる存在になれると考え、企業法務の情報サイト、企業法務のビジネススクールを立上げました。

【運営サイト】「legalmap」司法試験経験者の為の就職支援サイト「企業法務ナビ」企業法務の情報配信、セミナー、交流会、ビジネススクールの運営

[事業内容]

人材紹介業、人材派遣業、
司法試験受験生向けの就職支援[Legal Map]、
法務担当者向けの研修・交流会[企業法務ナビ]、
特定スキルに精通した人材のヘッドハンティング

〒150-0011　東京都渋谷区東 1-27-6　YMビル 5F
📞 0120-980-540（03-6427-6834）

🌐 https://www.corporate-legal.jp/　🌐 https://www.legalmap.jp/　🌐 http://www.more-selections.com/

COMPANY PLOFILE
.28

大塚刷毛製造株式会社（マルテー大塚グループ）

私たち大塚刷毛製造株式会社（マルテー大塚グループ）は大正3年の創業以来、塗装用刷毛・塗装用ローラーの製造開発に携り2014年2月に100周年を迎えました。
専門メーカーとして1世紀を歩んできた中で、様々な技術・ノウハウを身につけ、刻々と変化する『塗り』のニーズに即応し伝統技術に基づく手作りによる高品質な商品を世に送り出し、業界の発展を支えてきました。現在、取り扱い品目は約40,000点以上にのぼり、塗装用品では業界トップクラスの"塗装用品の専門商社"へと発展し、世界でも類をみないペインティングのトータル・システムメーカーとして高い評価をいただいております。

[事 業 内 容]

塗装用刷毛・塗装用ローラーの専門メーカー、
及び塗装用品機器工具、オートボディの修理用設備・工具、
工業塗装設備販売の専門商社

〒160-8511　東京都新宿区四谷 4-1　［事業所］支店／東京・大阪・横浜・川口・船橋・仙台・名古屋・博多　営業所／練馬・足立・府中・川崎・土浦・宇都宮・高崎・郡山・加賀・新潟・札幌・静岡・浜松・神戸・広島・京都・高松・松本・沖縄（大塚刷毛沖縄(株)）　物流センター／行田、大阪
03-3357-4151　http://www.maru-t.co.jp/index.php　http://www.maru-t.co.jp/recruit/new_recruit.html

COMPANY PLOFILE
.29

Mogic株式会社

Mogic株式会社は「思いやり」と「人と分かち合う喜び」を大切に、教育機関向けレポートファイル管理・アクティブラーニングシステム、eラーニング等のIT教育システム提供とメディア運営を行っている会社です。弊社は「生産性とは残業して働くことではない」と考えており、土日祝日の勤務を禁止し、平日も残業をしないよう伝えています。限られた時間の中でどこまで多くの事ができ、新しい事を生めたかを推測しながら地道な生産性の向上に努めています。

2017年度卒業生の募集は3職種です。
＜webデザイナー、営業、システムエンジニア＞
詳細は弊社HPでご確認ください。

[事業内容]

小中高大学で使えるレポートファイル管理、
アクティブラーニングシステム「Pholly」、
3年で15万人新規利用 eラーニングシステム「LearnO」、
アイデアをまとめるカードアプリ「Pash」、
ICT教育情報サイト・マーケティング情報サイト等メディア運営

〒177-0041　東京都練馬区石神井町 3-3-31 モノデコール石神井公園 1F-4F
📞 03-3997-7408
🌐 http://www.mogic.jp/　🌐 http://www.mogic.jp/recruit/

カナリアコミュニケーションズの書籍のご案内

クラウドサービス100選
2017年度版

ブレインワークス 編著

前作から約2年。好評につき第2弾が登場。

クラウドを効率よく活用して、企業の効率アップを図れ！

企業にとって必要なサービスをカテゴリー別で網羅。

今や企業のクラウドサービス活用は当たり前の時代。

大企業だけでなく、中小企業が安心して使える

クラウド商品・サービスを厳選して紹介。

新時代の価値を生み出すクラウドサービスがここに集結！

2016年10月25日発刊
定価1000円（税別）
ISBN978-4-7782-0368-9

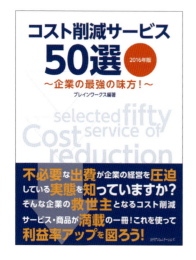

コスト削減サービス50選

ブレインワークス 編著

コスト削減をしているという企業も、

対策も部分的にしかできていないのが実情。

特に中小企業の担当者は多くの情報を収集・分析・選別する時間がない。

あったら嬉しいコスト削減サービス・商品情報をお手元にお届け。

個々のニーズに合う役立つ商品情報を厳選して紹介する1冊。

2016年1月10日発刊
価格1000円（税別）
ISBN978-4-7782-0320-7

カナリアコミュニケーションズの書籍のご案内

2007年3月20日刊行
価格1400円（税別）
ISBN:978-4-7782-0039-8

優秀なIT担当者はクビにしなさい！

近藤 昇 著

貴方の会社のIT担当者は本当に優秀ですか？
中小企業の経営者のほとんどは自社のIT担当者を優秀だと自負しています。
しかし、それは優秀であることの意味を勘違いしているケースがほとんどなのです。
「パソコンに詳しい」「前職が大手ベンダーだった」などなど、
そんな理由でIT担当者を任命していませんか？
これからの企業に必要なのは、本当に優秀なIT担当者なのです！
本当に優秀なIT担当者の姿とは？
IT経営時代を勝ち抜く経営者に捧げる必読本!!

2016年7月15日発刊
価格1800円（税別）
ISBN978-4-7782-0360-3

台湾IT成長企業　厳選21社

中華民國資訊軟協會（CISA）
ブレインワークス　編著

成長著しい台湾。
台湾だけでなく、東南アジア進出を考える企業必見のIT企業を一挙にご紹介！
現地のIT情報を紹介するだけではなく、成長し続けるIT企業に
直接インタビューした情報もあり、
現地視察前に得ておきたい基本情報がこの1冊に凝縮。

カナリアコミュニケーションズの書籍のご案内

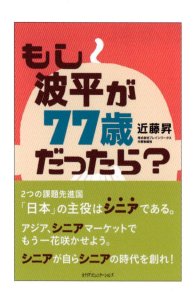

2016年1月15日発刊
価格1400円（税別）
ISBN978-4-7782-0318-4

もし波平が77歳だったら？

近藤 昇 著

第1章　シニアが主役の時代がやってくる
第2章　アジアでもう一花咲かせませんか？
第3章　日本の起業をシニアが活性化する時代
第4章　中小企業と日本はシニアで蘇る
第5章　シニアは強みと弱みを知り、変化を起こす
第6章　シニアが快適に過ごすためのICT活用
第7章　シニアがリードする課題先進国日本の未来

2015年9月30日発刊
定価 1400円（税別）
ISBN978-4-7782-0313-9

ICTとアナログ力を駆使して
中小企業が変革する

ブレインワークス　近藤 昇 著

第1弾書籍「だから中小企業のIT化は失敗する」（オーエス出版）から約15年。
この間に社会基盤、生活基盤に深く浸透した
情報技術の変遷を振り返り、
現状の課題と問題、これから起こりうる未来に対しての見解をまとめた1冊。
中小企業経営者に役立つ知識、情報が満載！！

カナリアコミュニケーションズの書籍のご案内

2014年12月20日
価格1000円（税別）
ISBN978-4-7782-0290-3

セキュリティ商品100選
2015年度版

ブレインワークス 編著

セキュリティ対策のお助けアイテム満載！

セキュリティへの投資は年々増加傾向にあります。狙われるのは政府、
大企業だけではありません。

信頼する社員からの個人情報漏洩、サイバー攻撃など日々危険と隣り合わせの
状況の中、数多く存在するセキュリティ商品を選別するのは困難です。

そこで、企業のセキュリティ対策支援などを手がけるブレインワークスが
2015年度にお薦めするセキュリティ商品を厳選してご紹介。

1冊は手元に置いておきたい書籍です！

2007年4月20日発刊
価格1500円（税別）
ISBN978-4-7782-0044-2

セキュリティ対策は乾布摩擦だ！

ブレインワークス 編著

風邪をひいたからといって注射を打っていては本質は何も変わらない。

風邪をひかない強靭な体質を作り出すために、日々の乾布摩擦が大切なのだ！

会社のセキュリティ対策の成否も体質が左右する。

セキュリティ対策で悩む経営者、内部統制対策に悪戦苦闘する担当者の
皆さんに捧げる、セキュリティ体質強化のポイントをわかりやすく解説した1冊。

最小の投資で最大の効果をあげるためのセキュリティ対策の秘訣は
乾布摩擦にあった！

継続的な乾布摩擦で強靭なセキュリティ体質を目指せ。

カナリアコミュニケーションズの書籍のご案内

2007年6月20日発刊
価格1000円（税別）
ISBN978-4-7782-0049-7

知らないでは済まされない
セキュリティ・リテラシー
なるほど、ナットク! 50のポイント

ブレインワークス 編著

インターネット、電子メール、書面データ化など、情報が手軽に扱える現代。
一方、容易に外部に流出したり、簡単に消失してしまうこともしばしば。
もはやセキュリティを無視することはできません。
社員一人ひとりのセキュリティ・リテラシーが企業の命運を左右する時代。
本書ではセキュリティ・リテラシーを高めるための50のポイントを、
ヒヤリとする社内の小さな事件の数々など、
事例を交えてわかりやすく解説します。
自分のたちの職場に照らし合わせながら、ひとつずつ読み進めてください。

2007年4月20日発刊
価格1500円（税別）
ISBN978-4-7782-0044-2

ビジネスパーソンが身に付けておきたい
リスク察知力

ブレインワークス 編著

ビジネスでは常にリスクとチャンスが背中合わせです。
チャンスに果敢に挑みつつ、リスクを察知し最小にする。
勇敢でスマートなできる人を目指す人必見!
リスクに対応するスキル、リスク察知力を身に付ける。

カナリアコミュニケーションズの書籍のご案内

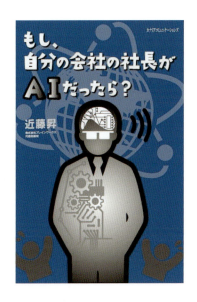

2016年10月15日発刊
価格1300円（税別）
ISBN978-4-7782-0369-6

もし、自分の会社の社長がAIだったら？

近藤 昇 著

AI時代を迎える日本人と日本企業へ捧げる提言。
実際に社長が日々行っている仕事の大半は、現場把握、
情報収集・判別、ビジネスチャンスの発掘、リスク察知など。
その中でどれだけAIが代行できる業務があるだろうか。
10年先を見据えた企業とAIの展望を示し、
これからの時代に必要とされるICT活用とは何かを語り尽くす。

2016年10月20日発刊
定価1300円（税別）
ISBN978-4-7782-0367-2

ワンピース思考の仲間が、木の家を建てる!!

加納 文弘 著

「低価格で高品質」「匠でなくても建てられる」という、
常識を覆す木の家を提供するサイエンスホームが掲げるワンピース思考とは、
仲間と共に強くなりながら、
お互いに助け合い目標達成するという考え方。
その中に現状の変革を必要とする者へ突破口へのヒントが隠されていた。
「不可能を可能にした木の家」のサイエンスホームのワンピース思考的あり方は、
固着した組織や行き詰っている組織に壁を打ち破るヒントとなるだろう。

ジーアップキャリアセンター

人材の流動化や、雇用形態の多様化が進む中で、不本意ながら挑戦者を育てるのは難しい時代と言わざるを得ません。しかし、ひとつだけは断言できます。成功の反対は失敗ではありません、何もしないことです。なぜなら、失敗こそが成功への糧であり過程だからです。私どもジーアップキャリアセンターは、前へ進もうとする"企業"と成長欲求あふれる"人材"を支援するための会社です。

http://www.g-up.co.jp/

ブレインワークス

創業以来、リスクマネジメント、情報セキュリティ、情報共有化などのサービスを軸に、数多くの国内企業や、海外進出企業に幅広い支援事業を展開している。実績も豊富で、最近では特にアジアに進出する日本企業向けサービスを強化している。また、情報セキュリティ関連のセミナーも多数開催。「人・組織・IT」の再構築で自立型企業への変革をサポートする。
著書には「セキュリティ商品100選」「セキュリティ対策は乾布摩擦だ!」「セキュリティ・リテラシー」「リスク察知力」「ISO27001でひもとく情報セキュリティマネジメントシステム」など多数。

http://www.bwg.co.jp

企業研究シリーズ
日本と世界が注目する

戦略成長企業 STRATEGY GROWTH COMPANY

2017年4月20日（初版第1刷発行）

著　者	ジーアップキャリアセンター・ブレインワークス編著
発　行	佐々木 紀行
販　売	株式会社カナリアコミュニケーションズ
	〒141-0031 東京都品川区西五反田6-2-7
	ウエストサイド五反田ビル3F
	Tel.03-5436-9701　Fax.03-3491-9699
	http://www.canaria-book.com
印刷所	本郷印刷株式会社
ブックデザイン	大和剛

©Brain Works 2017.Printed in Japan
ISBN 978-4-7782-0379-5　C0034

定価はカバーに表示してあります。乱丁・落丁本がございましたらお取り替えいたします。カナリアコミュニケーションズ宛にお送りください。
本書の内容の一部あるいは全部を無断で複製複写（コピー）することは、著作権法上の例外を除き禁じられています。